선가귀감

(禪家龜鑑)

선가귀감
(禪 家 龜 鑑)

청 허 휴 정

김호귀 역

하얀연꽃

목 차

머리말

　청허휴정의『선가귀감』은 주로 출가한 납자가 지녀야 하는 본분과 수행에 어떻게 임해야 하는가를 말한 지침서이고 강요서이며 개론서이다. 때문에 그 형태는 각종 경론과 어록에서 특별히 마음에 새기고 힘써야 할 내용을 발췌하여 엮은 것이다. 그리고 그에 대하여 청허휴정이 개인적인 해설과 게송의 형태를 빌려 평석을 가한 것이다.

　본문에서는 자상한 타이름과 투철한 각오를 지닐 것도 함께 부탁하고 있다. 이와 같은 내용은 당시에 불교가 처한 정치적인 배불의 역사와 아울러 아이러니컬하게도 민중에게는 신앙적으로 크게 고양된 불교신앙에 대한 조선중기의 상황을 반영해주는 것이기도 하다.

　따라서 선가귀감은 특별히 참구에 힘쓰는 납자들은 물론이고 불교에 관심을 두고 있는 일반 독자들에게도 불교 특히 선법의 이해를 위한 좋은 길잡이의 역할이 되고 있다.

　후반부의 禪宗五家에 대한 교의 및 법맥의 이해는 조선중기 당시의 법계의식을 엿볼 수 있는 단서이기도 하다. 이 가운데는 임제종의 정통을 계승해 온 자부심과 더불어 교학에 대한 일종의 선법 우월의식도 아울러 살펴볼 수 있는 대목이기도 하다.

본문은 다음과 같이 3단으로 구성되어 있다.

첫째, 경론 및 어록에서 발췌한 내용, 둘째, 바탕체 부분은 경론 및 어록에서 발췌한 내용에 대한 청허휴정의 해설, 셋째, 評曰로 시작되는 몇 대목으로 보다 심화된 내용으로 교의의 설명을 가한 것이다.

본문에서 나열한 1.부터 103.에 이르는 일련번호는 내용의 이해를 위하여 편의적으로 제시한 것이다. 이를 바탕으로 하여 소주제를 9단락으로 나누어 보았다.

2013년 초겨울

제1장

서문

序1)

古之學佛者 非佛之言不言 非佛之行不行也 故所
寶者 惟貝葉靈文而已 今之學佛者 傳而誦則士大
夫之句 乞而持則士大夫之詩 至於紅綠色其紙 美
錦粧其軸 多多不足以爲至寶 吁 何古今學佛者之
不同寶也 余雖不肖 有志於古之學 以貝葉靈文爲
寶也 然其文尙繁 藏海汪洋 後之同志者 頗不免摘
葉之勞 故文中 撮其要且切者數百語 書于一紙 名
曰禪家龜鑑 可謂文簡而義周也 如以此語 以爲嚴
師 而研窮得妙 則句句活釋迦存焉 勉乎哉 然雖離
文字一句格外奇寶 非不用也 且將以待別機也
淸虛子 謹序

---

1) 본 서는 『淸虛集』卷6, (韓國佛教全書7, pp.710下-711上)에는 「禪門
     龜鑑序」라는 제목으로 수록되어 있다. 기타 『三家龜鑑異本』, (韓國佛
     教全書7, p.625中)에도 수록되어 있다.

서문

옛적에 불법을 공부하는 자는 부처님의 말이 아니면 말하지 않았고, 부처님의 행위가 아니면 행동하지 않았다. 때문에 소중하게 여기는 것은 오직 패엽에 씌어진 거룩한 경문뿐이었다. 그러나 오늘날 불법을 공부하는 자는 전승하여 외우는 것은 사대부의 글귀이고 부탁하여 수지하는 것은 사대부의 시뿐이다. 그것을 심지어 지나치게 화려한 종이에다 고운 비단으로 장식하고 아무리 많아도 만족을 모른다. 그리고 그것을 굉장한 보배로 간주한다. 아! 옛적과 오늘날의 불법을 공부하는 자들이 보배로 간주하는 것이 이렇게 다르구나. 내 경우도 비록 불초하지만 옛적의 불법공부에 뜻을 두고 패엽의 거룩한 경문을 보배로 간주하고 있다. 그러나 문장이 너무나 번쇄하고 대장경이 하도 방대하여 후세에 나와 같이 옛적의 불법공부에 뜻을 둔 자들이 자못 잎을 헤쳐 가며 과일을 따는 수고를 면하지 못할까봐 염려된다. 이런 까닭에 글 가운데서 중요하고 필요한 수백 마디를 간추려서 짧은 종이에 기록하고 선가귀감이라 이름 하였다. 가히 글은 간략하지만 뜻은 깊다. 이에 이 글로 스승을 삼아서 깊이 궁구하여 묘용을 터득하면 글귀마다 살아있는 석가가 들어있을 것이다. 그러므로 부디 힘써 궁구해야 한다. 그러나 문자와 언구를 벗어난 격외의 기특한 보배가 소용없다는 것은 아니다. 장차 이 『선가귀감』을 통하여 뛰어난 사람이 나타나기를 기다릴 뿐이다.

가정 갑자년(1564) 여름날
청허자(청허당 백화도인)는 삼가 쓰다.

제2장

1. 본분과 신훈

禪家龜鑑2) 曹溪 退隱3) 述

---

2) 『韓國佛敎全書』 제7권, pp.634下-646上. 1564년(명종 19년) 휴정 저술. 본 한국불교전서본은 만력 7년(1579 기묘년. 四溟惟政의 발문 수록) 고려대학교소장본을 저본으로 한 것이다.

3) 淸虛休靜(1520-1604)의 생애에 대한 기록은 『淸虛堂集』에 수록된 鞭羊彦機가 쓴 행장이 근간이 된다. 이를 바탕으로 하여 살펴보면 휴정의 속성은 완산 최씨이다. 속명은 汝信이며 아명은 雲鶴이고 자는 玄應이다. 당호는 淸虛堂이고 법명은 休靜이다. 금강산 백화암에 주석한 인연으로 스스로 白華道人이라 하였고, 묘향산에서 오랫동안 법을 펼쳤기 때문에 세간에서는 西山大師라 불렀으며, 달리 風岳山人·頭流山人·妙香山人·曹溪退隱·病老 등으로 불렀다. 운학이라 이름지은 것은 그의 아버지인 최세창이 낮잠에 빠졌을 때 꿈속에서 노인이 나타나서 小沙門을 부탁한다고 말하면서 스님을 품에 안고서 진언을 외우더니 운학이라는 이름을 지어주라고 하였다. 이에 1520년 3월 26일 나이 50이 가까웠을 때 아이가 태어나니 부모는 아이의 이름을 소사문 또는 운학이라 불렀다. 고향은 평안도 안주였다. 운학은 9살 때 어머니를 여의고 10살 때는 아버지를 여의었다. 그 고을 사또였던 李思曾이 운학의 재주를 갸륵하게 여겨 12살 때 서울로 데려가서 성균관에서 공부할 수 있도록 해주었다. 유학을 공부하고 12세 때 과거에 응시했으나 실패하였다. 15살 때 친구들과 함께 지리산을 유람하다가 쌍계사에서 숭인장로의 설법을 듣고는 발심을 하여 서울에 올라가지 않고 지리산에 남아서 갖가지 불교전적을 탐구하였다. 또한 부용영관을 참방하여 3년 동안 공부를 하였다. 이후 21살이 되는 어느 날 홀연히 깨친 바가 있어 다음과 같은 시를 지었다. 두견새 울음소리에 창 밖을 바라보니 [忽聞杜宇啼窓外] 봄 빛깔 짙은 봄 동산이 내 고향일세. [滿眼春山是故鄕] 또 다른 날에는 크게 느낀 바가 있어 다음과 같은 시를 지었다. 물길어 돌아오다 고개 돌리니 [汲水歸來忽回首] 많은 청산이 구름속에 뵈이네. [靑山無數白雲中] 차라리 평생 바보로 살지언정 [寧作平生痴獃漢] 어설픈 문자승은 되지 않으리. [不欲作鉛槧阿師] 그리고는 경성일선을 수계사로 하고, 석희법사와 육공장로와 각원상

좌를 증계사로 하며, 부용영관을 전법사로 하고, 숭인 장로를 은사로 하여 득도하였다. 이후 여러 곳으로 만행을 하면서 남원의 어느 곳을 지나다가 닭 우는 소리를 듣고서 대오하여 다음과 같은 오도송을 지었다. 머리 희어도 마음은 까맣다고 [髮白心非白] 일찍이 고인이 말했다고 하네. [古人曾漏洩] / 꼬끼오 소리 한 번 듣고 나니 [今聞一鷄聲] 대장부가 할 일을 마쳐버렸네. [丈夫能事畢] / 홀연히 자기의 본분사 깨치니 [忽得自家底] 두두물물 여전히 변함이 없네. [頭頭只此爾] / 팔만 사천 부처의 가르침조차 [千萬金寶藏] 애당초 하나의 텅빈 종이라네. [元是一空紙] / 이후로 휴정은 더욱더 만행에 힘써 관동지방을 유람하고 서울로 올라와 승과에 응시하여 중선으로부터 시작하여 마침내 선교양종판사에 이르렀다. 그러나 그것마저 번거롭다 여기고 모두 벗어두고서 묘향산과 지리산과 금강산을 편력하였다. 그러다가 70살 때에 향로봉시를 지은 인연으로 정여립의 모반사건에 무고하게 휘말렸으나 오히려 선조대왕과 인연을 맺었다. 73살에는 임진왜란이 일어나자 앞장서서 승군을 독려하여 팔도 십육 종도 총섭을 맡아 출가의 신분인데도 불구하고 구국을 위하여 분연히 일어섰다. 사명유정과 중관해안과 기허영규와 뇌묵처영 등으로 하여금 승병을 조직하여 크게 공을 세웠다. 선조대왕과 明의 장군 이여송으로부터 찬탄을 받았지만 전쟁이 끝난 후에 산으로 돌아가자 국가에서는 '국일도대선사선교대총섭부종수교보제등계존자'라는 호를 내려 그 공을 치하하였다. 그러나 여전히 운수납자로서의 면모를 유지하였으나 그 뒤를 항상 일천여 명이 모여들었으며 사법 제자가 70여 명에 이르렀다. 임종이 가까웠을 때 목욕재계하고 가까운 암자를 돌아보고는 원적암으로 돌아와 위의를 정제하고는 불전에 향을 사루고 자신의 자화상의 뒷면에다 다음과 같은 시를 지었다. 팔십 년 전에는 저것이 나이더니 [八十年前渠是我] 팔십 년 후에는 내가 저것이로다. [八十年後我是渠] 그리고는 다음과 같은 열반송을 남겼다. 갖가지 분별의 사량일랑은 [千計萬思量] 붉은 화로에 한 점 눈이네[紅爐一點雪] 진흙소가 물위로 걸어가고[泥牛水上行] 대지와 허공이 찢어진다네. [大地虛空裂] 그리고는 조용히 앉은 채로 85살에 묘향산 원적암에서 열반에 들었다. 세수 85살이고 법랍이 60살이었다. 제자 원준과 인영은 사리를 수습하여 묘향산 안심사에 안치하고, 유정과 자휴는 정골사리를 금강산 유점사에 안치하였다. 그리고 유품은 전남 해남 대흥사에 모셨다. 휴정은 『淸虛堂集』을 비롯하여 『禪家龜鑑』, 『道家龜鑑』, 『儒家龜鑑』, 『禪教釋』, 『禪教訣』, 『雲水壇歌詞』, 『說禪儀』, 『諸山壇儀文』, 『心法要抄』, 『三老行蹟』, 『禪家金屑錄』 등의 저술을 남겼다. 휴정은 70여 명의 사

1.4)

有一物於此 從本以來 昭昭靈靈 不曾生 不曾滅
名不得 狀不得

**여기의 一物은 본래부터 소소영령하여 일찍이
생겨난 적도 없고, 소멸한 적도 없으며 이름 붙일
수도 없고 형상으로 그릴 수도 없다.**

一物者 何物 ○
古人頌云
古佛未生前/ 凝然一相圓/ 釋迦猶未會/ 迦葉豈能傳//
此一物之所以不曾生 不曾滅 名不得 狀不得也 六祖告衆
云 吾有一物 無名無字 諸人還識否 神會禪師卽出曰 諸佛
之本源 神會之佛性 此所以爲六祖之孽者也 懷讓禪師 自
嵩山來 六祖問曰 什麼物伊麼來 師罔措 至八年 方自肯曰
說似一物卽不中 此所以爲六祖之嫡子也
● 三敎聖人/ 從此句出/ 誰是擧者/ 惜取眉毛//

법제자를 배출하여 이전의 모든 법계는 부휴와 더불어 휴정에게로
흘러들었다가 다시 부휴와 휴정으로부터 나왔다는 말처럼 조계선맥
의 근간을 형성하였다.
4) 이하 103.까지 이르는 일련번호는 본문의 내용구분을 위하여 편의상
나눈 것이다.

일물이란 무엇인가. ○5)
고인이 게송으로 말하였다.

고불이 출세하기 이전부터/
분명히 하나의 원상이었네/
석가도 아직은 몰랐다는데/
가섭이 어찌 전승하겠는가//6)

이것이 곧 일찍이 생겨난 적도 없고 소멸한 적도 없으며
이름붙일 수도 없고 모양으로 그릴 수도 없는 까닭이다.
육조가 대중에게 말하였다. "우리에게는 일물이 있는데

---

5) 圓相에 대한 자료는 『祖庭事苑』 卷2, (卍續藏經113 수록) ; 『人天眼目
』 卷4, (大正藏48, p.321中 이하) ; 『五家宗旨纂要』 卷下, 潙仰宗 부분
; 고려 志謙(1145-1229) 『宗門圓相集』, (『韓國佛敎全書』 卷6,
pp.71-89) ; 『祖堂集』 卷20, (高麗大藏經45, p.356上 이하) 에 수록
되어 있다. 『祖堂集』에 수록되어 있는 了悟順之의 表相現法은 四對八
相 · 兩對四相 · 四對五相 등 17종이다. 潙仰宗의 表相現法은 方圓黙契
라고도 한다. 圓相의 계보는 원상을 그린 것은 南陽慧忠 國師로부터
비롯되었다. 이것을 耽源應眞이 잇고, 탐원응진은 仰山慧寂에게 계승
시켜 潙仰宗의 종풍이 되었다. 한편 『祖堂集』 卷3의 慧忠國師傳에는
'어느 날 승이 오는 것을 보고 국사는 손으로 원상을 그리고는 그 속에
日자를 써 넣었다.' 라는 내용이 있다. 96종의 圓相은 다음과 같이
6종으로 분류된다. (1) 圓相 : 절대의 진실 곧 진실 그 자체로서 일원
상. (2) 義海 : 모든 삼매의 뜻은 일원상에 포함되어 있음. (3) 暗機
: 주객의 대립이 생기기 이전의 작용. (4) 字學 : 일원상이 불변의 뜻을
나타내는 글자라는 것. (5) 意語 : 일원상이 불변의 뜻을 나타내는
宗意라는 것. (6) 黙論 : 일원상이 불변의 뜻을 나타내는 宗意에 부합
되어 있다는 것 등으로 분류된다.
6) 正覺 頌古, 行秀 評唱, 『萬松老人評唱天童覺和尙頌古從容庵錄』 卷5,
(大正藏48, p.276上)

명자도 없다. 그대들은 알겠는가." 신회가 나와서 말했다.
"그것은 제불의 근원이고 신회의 불성입니다." 이런 까닭
에 육조의 서자가 되었다. 회양이 숭산에서 찾아와 예배
하자 육조가 물었다. "여기에 온 그것은 무엇인가." 회양
은 어찌할 바를 몰랐다. 8년이 지나서 바야흐로 스스로
깨치고 나서 말했다. "일물이라 말씀하셨던 것도 맞지 않
습니다." 이런 까닭에 육조의 적자가 되었다.[7]

●

유불도의 모든 성인들도/
이 일물에서 출현하였네/
그게 무언가 말할라치면/
눈썹 빠질테니 조심하라//

2.

佛祖出世/ 無風起浪/

부처와 조사가 세상에 출현하여/
바람도 없는데 물결을 일으켰네/

佛祖者 世尊迦葉也 出世者 大悲爲體度衆生也 然以一物

---

7) 道原 纂, 『景德傳燈錄』 卷5, (大正藏51, p. 240下 ; p.245上)

觀之 則人人面目 本來圓成 豈假他人添脂着粉也 此出世
之所以起波浪也 虛空藏經云 文字是魔業 名相是魔業 至
於佛語 亦是魔業 是此意也 此直擧本分 佛祖無功能

● 乾坤失色/ 日月無光/

　부처와 조사는 세존과 가섭이다. 출세는 대비로 본체로
삼아 중생을 제도하는 것이다. 그러나 일물의 입장으로
보면 모든 사람이 본래부터 원만하게 구비하고 있는데
어찌 타인의 구제와 제도에 의지하겠는가. 이것이 곧 세
상에 출현하여 괜히 물결을 일으킨 까닭이다. 『허공장경』
에서 "문자도 마업이고 명칭과 형상도 마업이며 심지어
부처의 말조차 또한 마업이다."[8]라고 말한 것도 바로 이
까닭이다. 이것은 본분진여의 입장으로 보면 부처와 조사
도 아무런 쓸모가 없다는 것이다.

●

하늘과 땅이 색을 잃고/
해와 달도 빛을 잃었네/

3.

然法有多義 人有多機 不妨施設

---

8)　不空 譯,『大集大虛空藏菩薩所問經』卷7, (大正藏13, p.642上) "文殊
　　師利菩薩曰 仁者汝等所說悉是魔境 何以故 施設文字皆爲魔業 乃至佛
　　語猶爲魔業"

그러나 불법에 다양한 뜻이 있고 사람에 다양한 근기가 있으므로 방편을 내세우지 않을 수 없다.

法者 一物也 人者 衆生也 法有不變隨緣之義 人有頓悟漸修之機 故不妨文字言語之施設也 此所謂官不容針 私通車馬者也 衆生雖曰圓成 生無慧目 甘受輪轉 故若非出世之金錍 誰刮無明之厚膜也 至於越苦海而登樂岸者 皆由大悲之恩也 然則恒沙身命 難報萬一也 此廣擧新熏 感佛祖深恩

● 王登寶殿/ 野老謳歌/

불법은 일물이다. 사람은 중생이다. 불법에는 불변과 수연의 뜻이 있고, 사람에는 돈오와 점수의 근기가 있다. 때문에 문자와 언설의 방편을 내세우지 않을 수가 없다. 이것은 소위 공적으로는 바늘 끝도 용납하지 않건만 사적으로는 차량도 통과한다는 말이다. 비록 중생에게 일물이 원만하게 구비되어 있건만 태어나면서부터 지혜의 안목이 없어서 늘상 윤회를 겪는다. 때문에 출세의 지혜가 아니라면 무엇으로 무명의 두터운 번뇌를 벗겨주겠는가. 고통의 바다를 건너 극락의 피안에 이르는 것은 모두 대비의 은혜 때문이다. 그러므로 가없는 신명을 바치더라도 그만 분의 일도 보답하기 어렵다. 이것은 신훈삼구의 입장으로서 불조의 깊은 은혜에 감사해야 한다는 것이다.

●
임금은 보좌에 앉아있고/
시골 노인은 노래부르네/9)

4.

强立種種名字 或心 或佛 或衆生 不可守名而生解
當體便是 動念卽乖

**때문에 부득이 마음이니 부처니 중생이니 하는
갖가지 명자를 붙였지만 그 명자에 얽매여 분별
해서는 안된다. 그 자체로 충분하다. 분별심을
내면 곧 어그러진다.**

一物上强立三名字者 敎之不得已也 不可守名生解者 亦
禪之不得已也 一擡一搦 旋立旋破 皆法王法令之自在者也
此結上起下 論佛祖事體各別
● 九旱逢佳雨/ 他鄕見故人/

일물에다 억지로 마음과 부처와 중생이라는 명자를 붙
인 것은 교학의 부득이한 입장이다. 명자에 얽매여 분별

---

9) 『臨濟錄』(大正藏47, p.497上)

하지 말라는 것은 선가의 부득이한 입장이다. 교학에서는 억지로 명자를 붙이고 선가에서는 분별심을 내지 말라고 한 것은[10] 모두 부처님의 가르침이 자유자재한 까닭이다. 이것은 앞의 내용을 결론짓고 나아가서 이하의 내용을 불러오는 부분으로서 부처와 조사의 방편이 각기 다른 점을 논한 것이다.

●

여름의 오랜 가뭄에 단비 내리고/
낯선 타향에서 고향 사람 만나네/

---

10) 圭峯宗密, 『禪源諸詮集都序』 卷上之一, (大正藏48, p.399下)

11. 선교의 차별

5.

世尊三處傳心者 爲禪旨 一代所說者爲敎門 故曰
禪是佛心 敎是佛語

세존의 삼처전심은 선지가 되었고, 평생의 설법
은 교문이 되었다. 때문에 선은 부처님의 마음이
고 교는 부처님의 말씀이라 말한다.[11]

三處者 多子塔前分半座一也 靈山會上擧拈花二也 雙樹
下槨示雙趺三也 所謂迦葉別傳禪燈者此也 一代者 四十九
年間 所說五敎也 人天敎一也 小乘敎二也 大乘敎三也 頓
敎四也 圓敎五也 所謂阿難流通敎海者此也 然則禪敎之源
者 世尊也 禪敎之派者 迦葉阿難也 以無言至於無言者 禪
也 以有言至於無言者 敎也 乃至心是禪法也 語是敎法也
則法雖一味 見解則天地懸隔 此辨禪敎二途
   ● 不得放過/ 草裏橫身/

---

11) 如卺,『緇門警訓』卷8, (大正藏48, p.1040中); 圭峯宗密,『禪源諸詮
   集都序』卷上之一, (大正藏48, p.400中)

삼처란 다자탑 터에서 자리를 나누어 앉은 것이 첫째이고,12) 영취산 법회에서 꽃을 든 것이 둘째이며,13) 사라수 아래에서 두 발을 내보인 것이 셋째이다.14) 이것은 소위 가섭이 별전한 선의 등불을 가리킨다. 평생이란 49년15) 동안 설법한 오교를 말한다. 첫째는 인천교이고, 둘째는 소승교이며, 셋째는 대승교이고, 넷째는 돈교이며, 다섯째는 원교이다.16) 이것은 소위 아난이 유통한 교법을 가리킨다. 그러므로 선과 교의 근원은 세존이고, 선과 교의 분파는 가섭과 아난이다. 무언으로 무언에 이르는 것은 선이고, 유언으로 무언에 이르는 것은 교이다.17) 내지 마

---

12) 佛陀耶舍·竺佛念 共譯, 『長阿含經』 卷11, (大正藏1, p.66下)

13) 『大梵天王問佛決疑經』 卷3, (卍續藏經1, p.87) ; 晦巖智昭, 『人天眼目』 卷5, (大正藏48, p.325中)

14) 若那跋陀羅 譯, 『大般涅槃經後分』 卷下, (大正藏12, p.909中-下) ; 契嵩 編, 『傳法正宗記』 卷1, (大正藏51, p.718上)

15) 契嵩 編, 『傳法正宗記』 卷1, (大正藏51, p.718上) "如來之生也 當此周昭王之九年甲寅之四月八日 其出家也當昭王之二十七年壬申之二月八日 其成道也當昭王三十三年之戊寅 其滅度也當穆王三十六年壬申之二月十五日 化已凡一千一十七年 以漢孝明之永平十年丁卯之歲 而敎被華夏 嗚呼如來示同世壽 凡七十九歲 以正法持世 方四十九年(舊譜云 世尊十九出家 六年雪山修行 三十成道 住世說法四十九年 七十九歲滅度 今以歲數推較 若祇六年修行 其成道則二十五歲 若云三十 則須幷六年在二仙處學法 方可合其元數)化度"

16) 여기에서 말하는 5시교판은 저자가 諦觀, 『天台四敎義』, (大正藏46, p.774下) 華嚴時·阿含時·方等時·般若時·法華涅槃時 ; 賢首法藏, 『華嚴經探玄記』 卷1, (大正藏35, p.115下) 小乘敎·大乘始敎·大乘終敎·一乘頓敎·一乘圓敎 ; 圭峯宗密, 『原人論』, (大正藏45, p.708) 人天敎·小乘敎·大乘法相敎·大乘破相敎·一乘顯性敎 등을 나름대로 조합한 것으로 보인다.

17) 雪竇有炯의 『禪源遡流』에 의하면 『禪門刊正錄』의 인용문으로 알려져 있다. (韓國佛敎全書10, pp.654下-655上) "禪門刊正錄云 敎也者

음은 선법이고, 언설은 교법이다. 법은 비록 일미이지만 견해는 곧 천지만큼 현격하다. 이것은 선과 교의 갈래를 판별한 것이다.

●

결코 방심해서는 안된다/
평지에서 넘어지고 만다/

6.

是故若人失之於口 則拈花微笑 皆是敎迹 得之於
心 則世間麤言細語 皆是敎外別傳禪旨

이런 까닭에 어떤 사람이 언설에 집착하면 염화미소도 모두 교의 자취가 되고, 마음을 깨치면 세간에서 미주알고주알 떠드는 말이 모두 교외별전의 선지가 된다.

法無名故 言不及也 法無相故 心不及也 擬之於口者 失
本心王也 失本心王 則世尊拈花 迦葉微笑 盡落陳言 終是
死物也 得之於心者 非但街談 善說法要 至於鴬語 深談實

自有言至於無言者也 心也者 自無言至於無言者也" 그러나 『禪門刊正
錄』은 현존하지 않는다.

相也 是故寶積禪師 聞哭聲踊悅身心 寶壽禪師 見諍拳 開
豁面目者 以此也 此明禪敎深淺

● 明珠在掌/ 弄去弄來/

　법은 명칭이 없으므로 언설로 어찌할 수가 없고, 법은
형상이 없으므로 마음으로 어찌할 수가 없다. 언설로 말
하려고 하면 본심으로부터 멀어지고, 본심에서 멀어지면
세존의 염화와 가섭의 미소도 다 진부한 말이 되어 끝내
쓸모조차 없게 된다. 그러나 마음을 깨치면 가담항설이
좋은 법문일 뿐만 아니라 지저귀는 새 소리마저 실상의
깊은 도리가 된다. 이런 까닭에 보적선사는 통곡소리에
몸과 마음에 환희를 느꼈고 보수선사는 주먹다툼을 보고
본래면목을 깨쳤다는 것은 이를 두고 한 말이다. 이것은
선과 교의 깊고 얕음을 설명한 것이다.

●
명주 하나 손바닥에 놓고/
이리 굴리고 저리 굴리네/

7.
吾有一言 絶慮忘緣 兀然無事坐 春來草自靑

나한테 있는 한마디 말은/

사려를 끊고 반연 잊었네/
다만 오롯이 앉아 있자니/
봄엔 풀이 절로 푸르도다/18)

　　絶慮忘緣者 得之於心也 所謂閑道人也 於戱 其爲人也
本來無緣 本來無事 飢來卽食 困來卽眠 綠水靑山 任意逍
遙 漁村酒肆 自在安閑 年代甲子揔不知 春來依舊草自靑
此別歎一 念廻光者
　　● 將謂無人/ 賴有一箇/

　　사려를 끊고 반연을 잊었다는 것은 마음을 깨친 것으로
소위 한가로운 도인을 가리킨다.
　　아, 한가로운 도인이여!
　　본래 반연이 없고 본래 번뇌도 없네.
　　배고프면 밥 먹고 피곤하면 잠 자네.
　　푸른 물과 청산에 제 맘껏 소요하네.
　　어촌 주막 들러도 탈 없이 한가롭네.
　　세월을 잊고 사니 봄엔 초목 푸르네.
　　이것은 특별히 한 소식 깨친 자를 찬탄한 것이다.

---

18)『南嶽懶瓚和尙歌』, (大正藏51, p.461中-下) "吾有一言 絶慮亡緣 …
　　兀然無事坐 春來草自靑"

●
그런 도인 어디 없을까/
한 사람이 여기 있다네/

8.

教門惟傳一心法/ 禪門惟傳見性法/

교문에서는 오직 일심법을 전하고/
선문에서는 오직 견성법을 전한다/

　心如鏡之體　性如鏡之光　性自淸淨　卽時豁然　還得本心
此秘重得意一念
　● 重重山與水/ 淸白舊家風/

　마음이 거울의 본체라면 성품은 거울의 광채이다. 성품
은 본래 청정하므로 깨치는 즉시 본래심을 터득한다. 이
것은 찰나의 깨침을 매우 중요시한 것이다.

●
산골 그윽하고 물길 아득한 곳/
맑고 고운 옛 고향의 가풍이네/

評曰

心有二種 一本源心 二無明取相心也 性有二種 一本法性
二性相相對性也 故禪敎者同迷守名生解 或以淺爲深 或以
深爲淺 遂爲觀行大病 故於此辨之

말하자면,

마음에 두 가지가 있는데 첫째는 본원심이고, 둘째는 무명취
상심이다. 성품에 두 가지가 있는데, 첫째는 본법성이고 둘째
는 성상상대성이다. 때문에 선자와 교학자가 모두 어리석
게도 명자에 집착하여 분별심을 내어 옅은 것을 깊다고
말하고 깊은 것을 옅다고 말한다. 그리하여 끝내 교문의
관찰과 선가의 수행에 큰 잘못을 범한다. 이런 까닭에 여
기에서 판별해보겠다.

9.

然諸佛說經 先分別諸法 後說畢竟空 祖師示句 迹
絶於意地 理顯於心源

그래서 제불의 설법인 경전의 경우는 먼저 제법
을 분별하고 나중에 필경공을 설하였다. 그러나
조사가 내보인 삼구의 경우는 의지에서 자취를
제거하고 심원에서 도리를 드러냈다.19)

諸佛爲萬代依憑故理須委示　祖師在卽時度脫故意使玄
通　迹祖師言迹也　意學者意地也

● 胡亂指注/ 臂不外曲/

　제불은 영원한 가르침을 베푸는 까닭에 도리를 자세하
게 보여주었지만 조사는 그 자리에서 해탈시켜주기 때문
에 뜻을 그윽하게 드러냈다. 자취는 조사가 내보인 언설
의 가르침이고 의지는 선수행자가 지니고 있는 깨치려는
마음이다.20)

●

이러쿵 저러쿵 제멋대로 굴어도/
팔이 밖으로 굽는 법은 없다네/21)

10.

諸佛說弓　祖師說絃　佛說無碍之法　方歸一味　拂此
一味之迹　方現祖師所示一心　故云庭前栢樹子話
龍藏所未有底

---

19) 圭峯宗密,『大方廣圓覺修多羅了義經略疏註』卷上之一,（大正藏39,
　　 p.533上）
20) 조사가 보여준 언설의 가르침은 삼구로 대변된다. 그 삼구마저도 분별
　　 의 대상이 되기 때문에 수행납자로 하여금 집착하지 못하게 한다. 나
　　 아가서 수행납자가 지니고 있는 깨치려는 마음마저도 벗어나게 해주
　　 는 것이야말로 조사가 수행납자의 의지를 부정하는 이유이다.
21)『碧巖錄』제1칙,（大正藏48, p.140上）

제불은 활처럼 설하고 조사는 활줄처럼 설한다. 부처가 설한 무애법은 바야흐로 일미로 귀결된다. 그러나 그 일미의 흔적마저 초월해야 비로소 조사가 내보인 일심이 드러난다. 그러므로 '뜨락에 있는 잣나무'라는 화두는 팔만대장경에서도 찾을 수가 없다.

說弓 曲也 說絃 直也 龍藏 龍宮之藏經也 僧問趙州 如何是祖師西來意 州答云 庭前栢樹子 此所謂格外禪旨也
● 魚行水濁/ 鳥飛毛落/

활처럼 설한다는 것은 완곡하다는 것이고, 활줄처럼 설한다는 것은 단도직입적이라는 것이다. 용장이란 용궁에 감추어져 있는 일체장경을 말한다.

한 승이 물었다.

"달마조사가 서쪽에서 온 까닭은 무엇입니까."

조주가 말했다.

"뜨락의 잣나무이다."

이것이 소위 격외선의 도리이다.

●

물고기 헤엄치니 물이 흐리고/

새가 날아가니 터럭 떨어지네/

11.

故學者 先以如實言教 委辨不變隨緣二義 是自心
之性相 頓悟漸修兩門 是自行之始終 然後放下教
義 但將自心 現前一念 叅詳禪旨 則必有所得 所
謂出身活路

그러므로 수행납자는 먼저 여실한 언교를 통하
여 불변과 수연의 두 가지 뜻이야말로 자기 마음
의 성과 상인 줄을 자세하게 판별하고, 돈오와
점수의 두 가지 수행문이야말로 자기 수행의 처
음과 끝인 줄을 판별해야 한다. 그런 다음에 언교
의 뜻을 초월하여 자기 마음을 가지고 화두일념
을 현전하여 선지를 자세하게 참구해야 한다. 그
러면 반드시 터득하는 바가 있으니 그것이 소위
출신활로이다.

上根大智 不在此限 中下根者 不可躐等也 敎義者 不變

隨緣 頓悟漸修 有先有後 禪法者 一念中 不變隨緣 性相體
用 元是一時 離卽離非 是卽非卽 故宗師據法離言 直指一
念 見性成佛耳 放下敎義者以此

● 明歷歷時/ 雲藏深谷/ 深密密處/ 日照晴空//

　상근기를 지닌 지혜로운 자는 이 말에 한정되지 않는다.
그러나 중하근기를 지닌 자는 꼭 이와 같은 과정을 거쳐야
한다. 교의의 경우는 불변과 수연과 돈오와 점수로서 선
후가 있다. 그러나 선법의 경우는 찰나에 불변과 수연과
성상과 체용이 들어있어 원래 동시다. 그래서 卽도 초월
하고 非도 초월하면서 아울러 是에도 卽하고 非에도 卽한
다. 때문에 명안종사는 법에 의거하고 언설을 초월하여
직지일념으로 견성성불할 뿐이다. 교의를 초월해야 한다
는 것은 바로 이 때문이다.

●
밝고밝아 분명할 때엔/
산골짝에 구름이 끼고/
깊고깊어 그윽한 곳엔/
창공에 해가 둥실둥실//

111. 화두의 참구

12.
大抵學者 須叅活句 莫叅死句

무릇 참선납자라면 반드시 활구를 참구해야지 사구를 참구해서는 안된다.

活句下薦得 堪與佛祖爲師 死句下薦得 自救不了 此下特
擧活句 使自悟入
● 要見臨濟/ 須是鐵漢/

활구에서 깨치면 부처와 조사의 스승이 되지만 사구에서 깨치면 자신도 건지지 못한다.[22] 이하에서는 특별히 활구를 들어 스스로 깨치게끔 하겠다.

●

요컨대 임제가풍을 알고자 하는가/
모름지기 심지가 굳건해야 하리라/

---

22) 慧然 集, 『鎭州臨濟慧照禪師語錄』, (大正藏47, p.502上)

評曰

話頭有句意二門 叅句者 徑截門活句也 沒心路 沒語路 無摸索故也 叅意者 圓頓門死句也 有理路 有語路 有聞解 思想故也

말하자면

화두에는 참구문과 참의문의 두 가지가 있다. 참구문이 란 경절문으로 활구를 말한다. 그것은 마음의 작용과 언 설의 작용을 초월해 있어서 모색할 수조차 없기 때문이 다. 참의문이란 원돈문으로 사구를 말한다. 그것은 이치 와 언설을 통해 있어서 듣고 이해하며 헤아릴 수가 있기 때문이다.

13.

凡本叅公案上 切心做工夫 如雞抱卵 如猫捕鼠 如 飢思食 如渴思水 如兒憶母 必有透徹之期

무릇 본참공안을 들고 간절한 마음으로 공부해 야 한다. 마치 닭이 달걀을 품듯이 하고 고양이가 쥐를 잡듯이 하며 배고플 때 밥 생각하듯이 하고 목이 마를 때 물을 찾듯이 하며 어린아이가 엄마 생각하듯이 해야 한다.23) 그러면 반드시 투철하는 시기가 올 것이다.

祖師公案 有一千七百則 如狗子無佛性 庭前栢樹子 麻三
斤 乾屎橛之類也 雞之抱卵 暖氣相續也 猫之捕鼠 心眼不
動也 至於飢思食 渴思水 兒憶母 皆出於眞心 非做作底心
故云切也 參禪無此切心 能透徹者 無有是處

조사들의 공안에는 천 칠백 가지가 있다. 저 구자무불성
화24)와 정전백수자와 마삼근과 간시궐 등의 종류가 그것
이다.

닭이 달걀을 품을 경우는 온기가 상속되고, 고양이가
쥐를 잡을 경우는 마음이 흔들리지 않으며, 내지 배고플
때 밥 생각하는 경우와 목이 마를 때 물을 찾는 경우와
어린 아이가 엄마를 생각하는 경우 등은 모두 진심에서
우러난 것이지 애써 하려는 마음으로 되는 것이 아니다.
때문에 간절하다고 말한다. 참선에서 이와 같은 간절한
마음이 없이 투철하는 경우는 절대로 없다.

14.
叅禪須具三要 一有大信根 二有大憤志 三有大疑
情 苟闕其一 如折足之鼎 終成廢器

---

23) 雲棲袾宏, 『禪關策進』, (大正藏48, p.1099中)
24) 『宏智廣錄』 卷1, (大正藏48, p.17中)

참선할 경우에 반드시 세 가지 요소를 갖추어야
한다. 첫째는 대신근이고, 둘째는 대분지이며,
셋째는 대의정이다. 진실로 이 가운데 하나라도
빠지면 다리가 부러진 솥과 같아서 끝내 쓸모가
없어지고 만다.25)

佛云成佛者 信爲根本 永嘉云 修道者 先須立志 蒙山云
叅禪者 不疑言句 是爲大病 又云大疑之下 必有大悟

부처님은 "성불에는 믿음이 근본이다." 라고 말했다.26)
영가는 "수도자는 먼저 뜻을 세워야 한다." 라고 말했
다.27) 몽산은 "참선자가 언구를 의심하지 않는 것이 큰
잘못이다." 라고 말했다. 또 주굉은 "크게 의심하면 반드
시 크게 깨친다." 라고 말했다.28)

15.

日用應緣處 只擧狗子無佛性話 擧來擧去 疑來疑

---

25) 持正 錄, 洪喬祖 編, 『高峰和尙禪要』 卷上, (卍續藏經122, p.673上-
　　下)
26) 佛馱跋陀羅 譯, 『大方廣佛華嚴經』 卷6, (大正藏9, p.433上) ; 眞諦
　　譯, 『大乘起信論』 卷上, (大正藏32, p.581下)
27) 永嘉玄覺, 『禪宗永嘉集』, (大正藏48, p.387下)
28) 雲棲袾宏, 『禪關策進』, (大正藏48, p.1100中)

去 覺得沒理路 沒義路 沒滋味 心頭熱悶時 便是
當人 放身命處 亦是成佛作祖底基本也

일상의 생활에서 단지 구자무불성의 화두를 들
어야 한다. 이처럼 늘상 화두를 들고 늘상 화두를
의심하되 義理가 통하지 않고 滋味도 없으며 마
음이 답답한 줄을 느끼는 것이야말로 곧 자신의
신명을 바치고 또한 부처가 되고 조사가 되는 기
본이다.29)

僧問趙州 狗子還有佛性也無 州云 無 此一字子 宗門之
一關 亦是摧許多惡知惡覺底器仗 亦是諸佛面目 亦是諸祖
骨髓也 須透得此關然後 佛祖可期也 古人頌云
　趙州露刃劍/ 寒霜光燄燄/ 擬議問如何/ 分身作兩段//

한 승이 조주에게 물었다. "개한테 불성이 있습니까."
조주가 말했다. "無"
이 無라는 한 글자야말로 종문의 유일한 관문이고, 또한
수많은 악지와 악각을 물리치는 무기이며,30) 또한 제불
의 면목이고, 또한 제조사의 골수이다. 그러므로 모름지

---

29) 蘊聞 編, 『大慧普覺禪師語錄』 卷28, (大正藏47, p.933中-下)
30) 蘊聞 編, 『大慧普覺禪師語錄』 卷26, (大正藏47, p.921下)

기 이 관문을 투과한 연후에 부처와 조사를 기약할 수가
있다.

　고인이 게송으로 말했다.

　조주의 시퍼런 칼날/
　찬서리 빛 번뜩이네/
　만약 뭐냐고 물으면/
　몸이 둘로 나뉘리라//31)

16.

話頭不得舉起處承當　不得思量卜度　又不得將迷
待悟　就不可思量處思量　心無所之　如老鼠入牛角
便見倒斷也　又尋常計較安排底　是識情　隨生死遷
流底　是識情　怕怖憧惶底　是識情　今人不知是病
只管在裏許　頭出頭沒

화두는 들고 있는 바로 그것을 가지고 이해하려
하지 말고, 사량으로 헤아리려고도 말며, 또 어리
석게도 깨치려고 기다리지도 말아야 한다. 그리
고 사량할 수 없는 곳까지 나아가 사량하여 마음

---

31)『五祖法演禪師語錄』卷下, (大正藏47, p.666下)

이 더 갈 곳이 없어야 한다. 그래서 마치 늙은 쥐가 쇠뿔 속에 들어간 것과 같이 하여 전도된 길이 끊긴 것을 보아야 한다.32) 또 평소에 따지고 비교하는 것도 분별사식이고, 생사를 따르는 것도 분별사식이며, 두려워하고 갈팡질팡하는 것도 분별사식이다. 그런데도 요즘 사람들은 이 것이 잘못인 줄을 모르고 다만 거기에 빠져 허우적거릴 뿐이다.33)

話頭有十種病 曰意根下卜度 曰揚眉瞬目處垛根 曰語路
上作活計 曰文字中引證 曰擧起處承當 曰颺在無事匣裏
曰作有無會 曰作眞無會 曰作道理會 曰將迷待悟也 離此
十種病者 但擧話時 略抖擻精神 只疑是箇甚麼

화두 10종병은 다음과 같다.

---

32) 이에 해당하는 말은 '如老鼠入牛角 便見倒斷也'이다. 늙은 쥐[老鼠]
는 좌선경험 많은 구참납자를 의미한다. 쇠뿔 속에 들어간다[入牛角]
는 것은 쇠뿔처럼 입구는 넓어서 충분히 들어가지만 점점 좁아져 마침
내 막다른 끝에 도달하는 것으로서 화두일념의 경지를 더 이상 갈
곳이 없는 끝까지 밀어붙이는 행위이다. 이로써 顚倒迷妄의 단절을
경험하는 것이 곧 見倒斷이다. 이것은 구참납자의 오랜 안목을 통하여
그동안 품고 있던 미혹한 전도망상을 소롯이 떨구어버리는 경험을
가리킨다.
33) 蘊聞 編,『大慧普覺禪師語錄』卷28, (大正藏47, p.930上) ; 蘊聞 編,
『大慧普覺禪師語錄』卷25, (大正藏47, p.918上) 발췌.

생각으로 헤아리는 것, 눈썹을 치켜세우거나 눈동자를 깜박이는 것으로 제시하는 것, 말장난으로 활계하는 것, 문자를 인용하는 것, 들고 있는 화두를 가지고 이해하는 것,[34] 우두커니 앉아만 있는 것으로 능사를 삼는 것, 유무로써 이해하는 것, 진무로써 이해하는 것, 도리를 통해서 이해하는 것, 어리석게도 깨침을 기다리는 것 등이다.[35] 이 10종의 잘못을 벗어나는 길은 다만 화두를 참구할 때에

---

34) 어리석게도 화두 자체에 깨침이라든가 妙用이라든가 하는 무엇이 들어있다고 간주하는 것.

35) 화두참구에서 주의해야 할 사항에 대하여 대혜는 『書狀』의 張舍人과 富樞密에게 답하는 편지에서 처음 등장한다. "단지 提撕하고 擧覺할 뿐이지 ① 이렇다 해도 안되고 저렇다 해도 안되며, ② 또 의도적인 마음으로 깨달음을 기다리지 말고, ③ 또 (종사들이) 들어 보이는 곳을 향해 납득하려고 하지도 말고, ④ 또 현묘한 앎을 짓지도 말며, ⑤ 또 유다 무다 하면서 헤아리지도 말고, ⑥ 또 진무의 무라고 사량하지도 말고, ⑦ 또 그냥 우두커니 앉아만 있지도 말고, ⑧ 또 부싯돌을 쳐서 번갯불이 번뜩이는 곳을 향해 이해하지도 말아야 한다." 蘊聞 編, 『大慧普覺禪師語錄』 卷30, (大正藏47, p.941中) "如僧問趙州 狗子還有佛性也無 州云 無 只管提撕擧覺 左來也不是 右來也不是 又不得將心等<待?>悟 又不得向擧起處承當 又不得作玄妙領略 又不得作有無商量 又不得作眞無之無卜度 又不得坐在無事甲裏 又不得向擊石火閃電光處會"; ① 有다 無다 하는 것으로 이해하려고 하지 말고, ② 도리를 통해서 이해하려고 하지 말며, ③ 생각으로 분별하지도 말고, ④ 눈썹을 치켜세우거나 눈동자를 깜박이는 곳을 향하여 뿌리박지 않아야 하며, ⑤ 글귀를 가지고 이러쿵저러쿵 하지도 말고, ⑥ 우두커니 있는 것으로 능사를 삼지도 말며, ⑦ 화두를 들고 있는 바로 그것을 가지고 이해하려 하지 말고, ⑧ 문자로 인용하여 답변하려고 하지 말아야 한다. 蘊聞 編, 『大慧普覺禪師語錄』 卷26, (大正藏47, p.921下) "僧問趙州 狗子還有佛性也無 州云 無 此一字子 乃是摧許多惡知惡覺底器仗也 不得作有無會 不得作道理會 不得向意根下思量卜度 不得向揚眉瞬目處垛根 不得向語路上作活計 不得颺在無事甲裏 不得向擧起處承當 不得向文字中引證"

간절한 마음으로 '이것이 무엇인가.'를 의심하는 것이다.

17.

此事如蚊子上鐵牛 便不問如何若何 下觜不得處
棄命一攢 和身透入

**화두참구는 마치 철우에 올라앉은 모기처럼 곧
장 이것저것 따지지 말고 불가능할 곳에다 침을
꽂아 목숨 걸고 뚫으면 온몸이 통째로 빨려들어
간다.**36)

重結上意 使叅活句者 不得退屈 古云
叅禪須透祖師關/ 妙悟要窮心路絶/

위에서 말한 뜻을 거듭하여 결론맺어 활구를 참구하는
자로 하여금 물러나지 말도록 하는 부분이다.
다음과 같은 옛말이 있다.

참선의 참구는 모름지기 조사관을 투과해야 하리니/
분별심으로 터득할 수 없는 곳에 오묘한 깨침 있네/

---

36) 道原 纂, 『景德傳燈錄』 卷9, (大正藏51, p.265中)

18.

工夫如調絃之法 繁緩得其中 勤則近執着 忘則落
無明 惺惺歷歷 密密綿綿

**참선공부는 마치 악기의 줄을 고르듯이 하여 팽팽
하지도 않고 느슨하지도 않아야 한다.[37] 그래서
조바심을 내면 집착하기 쉽고 태만하면 무명에 빠
지고 만다. 성성역력하고 밀밀면면해야 한다.**

　彈琴者曰 緩急得中然後 淸音普矣 工夫亦如此 急則動血
囊 忘則入鬼窟 不徐不疾 妙在其中

　거문고를 타는 자는 '풀었다 조였다 하여 중도를 맞춘
연후에야 맑은 소리가 잘 난다.'라고 말한다. 참선공부도
역시 그와 같다. 조급하면 상기병에 걸리고 태만하면 귀
신굴에 빠진다. 묘술은 느리지도 않고 빠르지도 않은 중
도에 있다.

19.

工夫到行不知行 坐不知坐 當此之時 八萬四千魔

---

37) 蘊聞 編, 『大慧普覺禪師語錄』 卷30, (大正藏47, p.939上-中)

軍 在六根門頭伺候 隨心生設 心若不起 爭如之何

공부의 경지가 걸어가도 걷는 줄을 모르고 앉아
도 앉은 줄을 모르게 되면 그러한 때에 팔만 사천
의 마가 감각작용에서 틈을 보면서 번뇌심을 따
라 침범하게 된다. 그러나 마음이 일어나지 않으
면 무슨 상관이 있겠는가.

魔者 樂生死之鬼名也 八萬四千魔軍者 乃衆生八萬四千
煩惱也 魔本無種 修行失念者 遂派其源也 衆生順其境故
順之 道人逆其境故逆之 故云道高魔盛也 禪定中 或見孝
子而斫股 或見猪子而把鼻者 亦自心起見 感此外魔也 心
若不起 則種種伎倆 翻爲割水吹光也 古云
壁隙風動/ 心隙魔侵/

마는 생사윤회를 좋아하는 귀신의 명칭이다. 팔만 사천
의 마는 중생의 팔만 사천 가지의 번뇌이다. 마는 본래
종자가 없지만 수행납자가 정신 차리지 않으면 마침내
근원처럼 마가 파생된다. 중생은 번뇌의 경계를 따르므로
번뇌와 함께 하지만 도인은 번뇌의 경계를 거스르므로
번뇌와 맞선다. 때문에 도가 높아지면 마도 치성하다고
말한다.38)

선정수행에서 혹 상주를 보고 자기의 다리를 찍기도 하고, 혹 돼지를 보고 자기의 코를 비틀기도 한다.39) 그것 역시 자기의 마음이 견해를 내어 그것을 외부의 마로 착각한 것이다. 번뇌심이 일어나지 않으면 갖가지 번뇌의 기량이 도로 물을 베고 햇빛을 부는 것과 같다.

다음과 같은 옛말이 있다.

벽에 틈이 생기면 바람이 들고/
마음에 틈이 비면 번뇌가 든다/40)

20.

起心是天魔 不起心是陰魔 或起或不起 是煩惱魔

然我正法中 本無如是事

분별심이 일어나는 것은 천마이고 발심이 없는 것은 음마이며 분별심이 일어났다 발심이 생겼다 하는 것은 번뇌마이다. 그러나 조사선의 정법에는 본래 그와 같은 것은 없다.41)

---

38) 德煇, 『勅修百丈淸規』 卷5, 『坐禪儀』, (大正藏48, p.1143上)

39) 永明延壽 集, 『宗鏡錄』 卷29, (大正藏48, p.587上)

40) 長水子璿, 『起信論疏筆削記』 卷19, (大正藏44, p.402中)

41) 道原 纂, 『景德傳燈錄』 卷28, (大正藏51, p.442上)

大抵忘機是佛道 分別是魔境 然魔境夢事 何勞辨詰

　무릇 분별의 바탕을 잊은 무분별이 불도이고 분별은 마의 경계이다. 그러나 마의 경계조차도 꿈과 같은 것인데 어찌 따질 것이 있겠는가.

21.

工夫若打成一片 則縱今生透不得 眼光落地之時 不爲惡業所牽

**　만약 화두공부가 타성일편이 되면 설령 금생에 투득하지 못한다해도 죽음에 이르러 악업에 휘말리지는 않는다.42)**

　業者無明也 禪者般若也 明闇不相敵 理固然也

　업은 무명이고 선정은 반야다. 명과 암이 함께 하지 못하는 것은 본래가 그런 법이다.

---

42) 蘊聞 編, 『大慧普覺禪師語錄』 卷25, (大正藏47, p.919中) ; 卷28, (大正藏47, p.932上)

22.

大抵參禪者 還知四恩深厚麽 還知四大醜身 念念
衰朽麽 還知人命在呼吸麽 生來值遇佛祖麽 及聞
無上法 生希有心麽 不離僧堂守節麽 不與鄰單雜
話麽 切忌鼓扇是非麽 話頭十二時中 明明不昧麽
對人接話時 無間斷麽 見聞覺知時 打成一片麽
返觀自己 捉敗佛祖麽 今生決定續佛慧命麽 起坐
便宜時 還思地獄苦麽 此一報身 定脫輪廻麽 當
八風境 心不動麽 此是參禪人日用中 點檢底道理
古人云
此身不向今生度／ 更待何生度此身／

무릇 참선납자라면 다음과 같은 것을 점검해야
한다.
네 가지 은혜가 두터운 줄을 알고 있는가, 사대의
더러운 몸뚱아리가 찰나찰나 썩어가는 줄을 알
고 있는가, 인명이 호흡지간에 있는 줄을 알고
있는가, 평생에 불조를 만났는가, 무상법을 듣고
희유심을 냈는가, 선방을 벗어나지 않고 절개를

지켰는가, 옆 사람과 잡담만 나누지 않았는가, 시비를 두지 않으려고 간절하게 노력했는가, 하루종일 화두가 분명하여 떠나지 않았는가, 사람을 대할 때도 화두가 끊임이 없었는가, 보고 듣고 느끼고 아는 경우에도 타성일편이 되었는가, 자기를 관조하여 불조의 허물을 발견했는가, 금생에 결정코 불조의 혜명을 이을 수 있겠는가, 앉고 일어서는 모든 경우에도 지옥고를 생각했는가, 현재의 이 육신으로 결정코 윤회를 벗어날 수 있겠는가, 팔풍을 당해서도 마음이 동요하지 않았는가.43) 이것은 참선납자가 일상에서 점검해야 할 도리이다.

고인은 다음과 같이 말했다.

이 몸을 금생에 제도하지 못한다면/
다시 어느 생을 기다려 건지겠는가/

四恩者 父母君師施主恩也 四大醜身者 父之精一滴 母之

---

43) 수행납자가 반드시 챙겨야 하는 16心의 점검사항을 열거한 대목이다.

血一滴者 水大之濕也 精爲骨 血爲皮者 地大之堅也 精血
一塊 不腐不爛者 火大之暖也 鼻孔先成 通出入息者 風大
之動也 阿難曰 欲氣麤濁 腥臊交遘 此所以醜身也 念念衰
朽者 頭上光陰 利那不停 面自皺而髮自白 如云 今旣不如
昔/ 後當不如今/ 此無常之體也 然無常之鬼 以殺爲戱 實
念念可畏也 呼者 出息之火也 吸者 入息之風也 人命寄托
只在出入息也 八風者 順逆二境也 地獄苦者 人間六十劫
泥犁一晝夜 鑊湯爐炭劍樹刀山之苦 口不可形言也 人身難
得 甚於海中之鍼故 於此愍而警之

  네 가지 은혜는 부모 국가 스승 시주의 은혜이다.[44)]
  사대의 더러운 몸뚱아리는 아버지의 정기 한방울과 어
머니의 피 한방울은 수대의 습기의 성질이고, 정기는 뼈
가 되고 피가 가죽이 된 것은 지대의 견고한 성질이며,
정과 혈이 한덩어리가 되어 썩지 않고 문드러지지 않는
것은 화대의 따뜻한 성질이고, 콧구멍이 먼저 생겨 날숨
과 들숨이 통하는 것은 풍대의 움직이는 성질이다. 아난
이 말한 '욕망의 기운은 추하고 탁하며 비리고 누린내가
섞여 있다.'[45)] 라는 것은 바로 몸뚱아리가 더러운 것을
말한 것이다. 찰나찰나 썩어간다는 것은 다가온 세월이

---

44) 般若 譯, 『大乘本生心地觀經』卷2, (大正藏3, p.297上) ; 瞿曇般若流
    支 譯, 『正法染處經』卷61, (大正藏17, p.359中) ; 道世 撰, 『法苑珠林
    』卷50, (大正藏53, p.663中)
45) 般刺蜜帝 譯, 『大佛頂如來密因修證了義諸菩薩萬行首楞嚴經』卷1,
    (大正藏19, p.106下)

찰나도 멈추지 않아 얼굴이 주름지고 머리카락이 희어지
는 것이다.

흔히 '지금에도 옛날과 같지 않는데/ 훗날이야 어찌 지
금과 같으랴./ 라고 말하는데 이것은 참으로 무상한 몸뚱
아리를 가리킨 것이다. 이처럼 무상의 귀신은 살생으로
유희를 삼으니 실로 찰나찰나가 두렵다. 호는 날숨의 불
의 기운이고, 흡은 들숨의 바람의 기운이다. 인명은 단지
날숨과 들숨에 의지하고 있을 뿐이다.46) 팔풍은 순경과
역경이다.47) 지옥고는 인간의 60겁은 지옥의 하루에 해
당하는데 확탕지옥과 노탄지옥과 검수지옥과 도산지옥
의 고통을 입으로 형언할 수 없는 것을 가리킨다. 사람의
몸을 받기가 어려운 것이 바다에서 바늘 찾기보다 어렵다
는 것이다.48) 그러니 여기에서 불쌍하게 여겨 그것을 경
계하는 것이다.

評曰
上來法語 如人飮水 冷暖自知 聰明不能敵業 乾慧未免苦
輪 各須察念 勿以自謾

말하자면,

---

46) 迦葉摩騰·法蘭 譯,『四十二章經』, (大正藏17, p.724上)
47) 玄奘 譯,『佛地經論』卷5, (大正藏26, p.315中) ; 道誠 集,『釋氏要覽』
　　卷下, (大正藏54, 296下)
48) 蘊聞 編,『大慧普覺禪師語錄』卷30, (大正藏47, p.942上) ; 雲棲袾宏,
　　『禪關策進』, (大正藏48, p.1098下)

위의 법어는 마치 사람이 직접 물을 마셔보아야 차고 따뜻함을 아는 것49)을 말한 것이다. 그래서 제아무리 총명해도 업보를 대적하지 못하고, 어설픈 지혜로는 윤회고를 벗어나지 못하므로 각자 잘 살피고 자만하지 말라.

23.

學語之輩 說時似悟 對境還迷 所謂言行 相違者也

언설만 배우는 무리는 말할 경우에는 깨친 듯 하지만 경계를 맞이하면 도로 미혹해진다. 그것은 소위 언행이 어긋나기 때문이다.50)

此結上自謾之意 言行相違 虛實可辨

이것은 위의 자만에 대한 뜻을 결론맺은 부분이다.
언행이 어긋나는 것을 통하여 거짓과 진실을 알 수가 있다.

24.

若欲敵生死 須得這一念子 爆地一破 方了得生死

49) 圭峯宗密,『禪源諸詮集都序』卷上, (大正藏48, p.404中)
50) 張商英,『護法論』, (大正藏52, p.643上)

만약 생사윤회를 물리치고자 하면 모름지기 저
화두의 일념자를 터득하여 대번에 말끔하게 타
파해버려야 할 것이다. 그래야만 바야흐로 생사
윤회를 해결할 수가 있다.[51]

爆<者+?>打破漆桶聲 打破漆桶然後 生死可敵也 諸佛
因地法行者 只此而已

폭은 무명의 칠통을 깨부수는 소리이다. 칠통을 타파한
연후에야 비로소 생사윤회를 물리칠 수가 있다. 제불이
수행시절에 닦은 법도 단지 이 타파칠통을 벗어나지 않았
다.

---

51) 蘊聞 編, 『大慧普覺禪師語錄』卷26, (大正藏47, p.921下)

Ⅳ. 신해의 자세

25.

然一念子 爆地一破然後 須訪明師 決擇正眼

그러나 일념자를 대번에 말끔하게 타파한 연후
에는 바야흐로 명안종사를 참방하여 정안을 결
택해야 한다.52)

此事極不容易 須生慚愧始得 道如大海 轉入轉深 愼勿得
少爲足 悟後若不見人 則醍醐上味 翻成毒藥

此事는 지극히 어렵다. 그러므로 모름지기 부족한 마음
을 내야 한다. 도는 바다와 같아서 들어갈수록 더욱더 깊
어지니 삼가 작은 것으로 만족해서는 안된다. 깨친 뒤에
명안종사를 참방하지 못하면 제호의 맛도 도리어 독약이
되고 만다.53)

---

52) 蘊聞 編,『大慧普覺禪師語錄』卷25, (大正藏47, p.920上)
53) 重顯 頌古, 克勤 評唱,『佛果圜悟禪師碧巖錄』卷8, (大正藏48, p.202
    上)

26.

古德云 只貴子眼正 不貴汝行履處

고덕은 다음과 같이 말했다. "다만 그대의 안목이 바른 것을 중요시할지언정 겉으로 드러난 그대의 행위를 중요시하지 말라."54)

昔仰山答潙山問云 涅槃經四十卷 總是魔說 此仰山之正眼也 仰山又問行履處 潙山答曰 只貴子眼正云云 此所以先開正眼而後 說行履也 故云若欲修行 先修頓悟

옛적에 앙산이 위산의 물음에 답한 '열반경 40권이 모두 마설입니다.' 라는 것은 앙산의 정안이었다. 앙산이 위산에게 행위에 대하여 묻자 위산이 답한 '다만 그대의 안목이 바른 것을 중요시할지언정 …' 라는 것은 먼저 정안을 갖춘 연후에 행위에 대하여 설한 까닭이다. 때문에 '만약 수행을 하려면 먼저 돈오를 닦아야 한다.'55) 라는 말이 있다.

27.

願諸道者 深信自心 不自屈 不自高

---

54) 道原 纂, 『景德傳燈錄』 卷9, (大正藏51, p.265上)
55) 圭峯宗密, 『禪源諸詮集都序』 卷上, (大正藏48, p.402上)

바라건대 모든 수행납자는 자심을 심신하여 퇴굴심을 내지도 말고 공고심을 내지도 말아야 한다.

此心平等 本無凡聖 然約人 有迷悟凡聖也 因師激發 忽悟眞我 與佛無殊者 頓也 此所以不自屈 如云本來無一物也 因悟斷習 轉凡成聖者 漸也 此所以不自高 如云時時勤拂拭也 屈者 敎學者病也 高者 禪學者病也 敎學者 不信禪門有悟入之秘訣 深滯權敎 別執眞妄 不修觀行 數他珍寶故 自生退屈也 禪學者 不信敎門有修斷之正路 染習雖起不生慚愧 果級雖初 多有法慢故 發言過高也 是故得意修心者 不自屈 不自高也

자심은 평등하여 본래 범과 성이 없다. 그러나 사람에 따라 미혹과 깨침 그리고 범부와 성인이 있다. 스승의 가르침을 통하여 홀연히 진아를 깨쳐 부처와 다름이 없는 것은 頓이다. 이것이 퇴굴심을 내지 말아야 할 이유이다. 그래서 '본래 집착할 것이 없다.'56) 라고 말한다. 깨침을 통하여 습기를 제거함으로써 범부가 성인이 되어가는 것은 漸이다. 이것이 공고심을 내지 말아야 할 이유이다. 그래서 '늘상 부지런히 불식해야 한다.'57) 라고 말한다.

퇴굴심은 교학자의 병통이고, 공고심은 선학자의 병통이다. 교학자는 선문에 깨치는 비결이 있는 줄 믿지 않고

---

56) 法海, 『六祖大師法寶壇經』, (大正藏48, p.349上)
57) 法海, 『六祖大師法寶壇經』, (大正藏48, p.348中)

방편의 가르침에 깊이 빠져 있다. 그래서 별도로 진과 망에 집착하여 관행을 닦지 않고 남의 珍寶만 헤아려 스스로 퇴굴심58)을 낸다. 선학자는 교문에 번뇌를 제거하는 바른 길이 있는 줄 믿지 않고 번뇌의 염습이 일어날지라도 참괴심을 내지 못한다. 그래서 초보의 과보임에도 불구하고 법에 법만이 높은 까닭에 발언이 지나치게 교만하다. 그러므로 발심하여 마음을 닦는 자는 퇴굴심을 내지도 말고 공고심을 내지도 말아야 한다.

評曰

不自屈不自高者 略擧初心因該果海 則須信之一位也 廣擧菩薩果徹因源 則五十五位也

---

58) 瑜伽修行의 5위 곧 資糧位·加行位·通達位·修習位·究竟位 가운데 처음의 資糧位에서는 3종의 퇴굴심을 극복하는 수행한다. 첫째는 무상정등보리는 광대하고 심원하다는 말을 듣고 곧 퇴굴심이 일어날 때는 이미 대보리를 터득한 사람을 찾아가 自心을 연마하고 용맹심으로 퇴굴하지 않는다. 提廣大屈 : 無上菩提, 廣大深遠, 聞而生退屈之心也. 둘째는 보시 등의 바라밀다 수행이 대단히 어렵다는 말을 듣고 퇴굴심이 일어날 때는 자기의 마음에 보시 등의 바라밀을 닦는 즐거움을 생각하여 自心을 연마하고 용맹심으로 퇴굴하지 않는다. 萬行難修屈 : 布施之萬行甚難修, 聞而生退屈之心也. 셋째는 제불의 원만한 轉依는 증득하기가 지극히 어렵다는 말을 듣고 퇴굴심이 일어날 때는 자 남의 麤善을 자기의 妙因과 비교하여 자긍심을 지니고서 自心을 연마하고 용맹심으로 퇴굴하지 않는다. 轉依難證屈 : 二轉依之妙果難證, 聞而生退屈之心也. 이처럼 3퇴굴을 대치하는 것을 三練磨라고 한다. 제일연마 : 타인이 이미 증득한 대보리를 참고하여 자심을 연마한다. 제이연마 : 자기의 意樂을 반성하여 자심을 연마한다. 제삼연마 : 타인의 麤善을 참고하여 妙因과 비교하면서 자심을 연마한다.

말하자면,

퇴굴심을 내지도 말고 공고심을 내지도 말아야 한다는 것은 다음과 같다. 대강으로 언급하면 초발심의 인에 과해가 깃들어 있으므로 불과의 일위를 믿어야 한다. 자세하게 언급하면 보살의 과에 인의 근원 곧 과정의 55위가 통해 있다.59)

28.
迷心修道 但助無明

어리석은 마음으로 수도하는 것은 단지 무명만 키울 뿐이다.

悟若未徹 修豈稱眞哉 悟修之義 如膏明相賴 目足相資

---

59) 55위는 몇 가지 해석이 가능하다. (1) 新華嚴經에서 선재동자가 만난 110성의 55선지식으로부터 배운 因行이다. 비록 110성을 경유했지만 실제로 설법을 들은 곳은 54處(德生과 有德은 같은 곳에서 친견하였다.)였고, 55선지식(110성이었지만 각각에 해당하는 學菩薩行과 修菩薩行의 두 가지 경우로 나뉘어져 설명이 되었기 때문에 그 수는 55선지식이 된다. 그러나 실제로는 53선지식이 되는데 이 경우 문수는 처음과 맨 나중에 친견하였고, 덕생과 유덕은 같은 곳에서 친견하였기 때문에 각각 한 사람으로 간주한다.)이었다. (2) 十信·十住·十行·十廻向·十地 등 50가지의 수행계위 및 資糧位·加行位·通達位·修習位·究竟位의 5위를 합한 수이다. (3) 乾慧地(삼승 10지 중 첫째)·十信·十住·十行·十廻向·四加行位(暖法·頂法·忍法·世第一法)·十地 등 55이다.

깨침이 철저하지 못하면 수행이 어찌 올바르겠는가. 수
행과 깨침의 의의는 마치 기름과 불빛의 상관관계와 같
고, 눈과 발이 상부상조하는 것과 같다.

29.

修行之要 但盡凡情 別無聖解

**수행의 요체는 다만 범부라는 생각을 없애는 것뿐
이지 별도로 부처의 견해를 추구할 것이 없다.**[60]

病盡藥除 還是本人

병도 없고 약도 없으면 그것이 병들기 이전의 본래 그
사람이다.[61]

30.

不用捨衆生心 但莫染汚自性 求正法是邪

---

60) 道原 纂,『景德傳燈錄』卷14, (大正藏51, p.313中) "乃復問如何保任
　　悟曰 任性逍遙隨緣放曠 但盡凡心無別勝解";大川普濟 集,『五燈會元
　　』卷7, (卍續藏經138, p.229上) "復問 如何保任 皇曰 任性逍遙 隨緣放
　　曠 但盡凡心 別無聖解"
61) 蘊聞 編,『大慧普覺禪師語錄』卷25, (大正藏47, p.916下)

중생심을 버릴 필요가 없다. 단지 자성이 염오되지 않게 하라. 정법을 추구하는 것조차 잘못된 것이다.

捨者求者 皆是染汚也

버리는 것과 추구하는 것이 모두 염오이다.

31.
斷煩惱 名二乘 煩惱不生 名大涅槃

번뇌를 제거하는 것을 이승이라 말한다. 번뇌가 일어나지 않는 것을 대열반이라 말한다.[62]

斷者 能所也 不生者 無能所也

제거하는 것은 능소이고 일어나지 않는 것은 능소가 없는 것이다.

---

62) 道原 纂, 『景德傳燈錄』 卷5, (大正藏51, p.244中)

32.

須虛懷自照 信一念緣起無生

모름지기 마음을 비우고 스스로 관조하여 일념의 연기조차 무생인 줄을 믿어야 한다.

此單明性起

이것은 성기의 측면만 설명한 것이다.

33.

諦觀殺盜淫妄 從一心上起 當處便寂 何須更斷

살생 · 도둑질 · 사음 · 망어가 일심에서 일어나는 줄을 잘 관찰하라. 일어나는 그 자체가 적적한데 다시 무엇을 제거할 것인가.63)

此雙明性相 經云 不起一念名爲永斷無明 又云 念起卽覺
이것은 성과 상을 함께 설명한 것이다. 경전에서는 '일

---

63) 永明延壽 集, 『宗鏡錄』 卷18, (大正藏48, p.511下)

넘도 일어나지 않는 것을 가리켜 무명의 완전한 소멸이라 이름한다.' 라고 말하고, 또한 '망념이 일어나면 곧 알아차려라.'[64) 라고 말한다.

34.

知幻卽離 不作方便 離幻卽覺 亦無漸次

환인 줄 알면 곧 이미 벗어난 것이므로 방편을 쓸 필요가 없고, 환을 여의면 곧 이미 깨친 것이므로 역시 점차65)가 없다.66)

心爲幻師也 身爲幻城也 世界幻衣也 名相幻食也 至於起心動念 言妄言眞 無非幻也 又無始幻無明 皆從覺心生 幻幻如空花 幻滅名不動 故夢瘡求醫者 寤來無方便 知幻者亦如是

마음은 환사이고 몸은 환성이며 세계는 환의이고 명상은 환식이다. 심지어 깨치려는 마음을 일으키고 망념을 내는 것과 거짓이다 참이다 말하는 것도 환 아님이 없다. 또한 시작도 없는 환의 무명도 모두 깨치려는 집착의 마음

---

64) 德煇, 『勅修百丈淸規』 卷5, 『坐禪儀』, (大正藏48, p.1143上)
65) 漸次는 방편 내지 수행의 과정으로서 깨침에 이르는 온갖 행위이다.
66) 佛陀多羅 譯, 『大方廣佛圓覺修多羅了義經』, (大正藏17, p.914上)

에서 생겨난다.

온갖 환은 공화처럼 덧없어 환이 소멸하면 부동지 말한
다. 그러므로 꿈속에서 병에 걸려서 의사를 찾지만 꿈이
깬 후에는 방편조차 없다. 이처럼 일체가 환인 줄 제대로
알고 나면 역시 이와 같다.

35.

衆生於無生中 妄見生死涅槃 如見空花起滅

중생은 무생의 도리에서 잘못 생사와 열반을 보는 데 이것은 마치 공화의 기멸을 보는 것과 같다.67)

性本無生故 無生涅也 空本無花故 無起滅也 見生死者
如見空花起也 見涅槃者 如見空花滅也 然起本無起 滅本
無滅 於此二見 不用窮詰 是故思益經云 諸佛出世 非爲度
衆生 只爲度生死涅槃二見耳

성품은 본래 무생이므로 생사와 열반이 없다. 허공에는
본래 꽃이 없으므로 기멸이 없다. 생사를 보는 것은 마치
공화가 생겨나는 것을 보는 것과 같고, 열반을 보는 것은
공화가 사라지는 것을 보는 것과 같다. 그러나 일어남도

---

67) 佛陀多羅 譯, 『大方廣佛圓覺修多羅了義經』, (大正藏17, p.913下)

본래 일어남이 없고 사라짐도 본래 사라짐이 없으므로 이 분별심에 대하여 더 이상 따질 필요가 없다. 이런 까닭에 『사익경』에서는 "제불이 출세한 것은 중생을 직접 제도하려는 것이 아니다. 단지 생사와 열반이라는 분별심을 제도하려는 것이다."[68] 라고 말한다.

36.

菩薩度衆生 入滅度 又實無衆生 得滅度(者+?)

보살이 중생을 제도하여 멸도시켰지만 실제로 멸도를 터득한 중생은 없다.[69]

菩薩只以念念 爲衆生也 了念體空者 度衆生也 念旣空寂者 實無衆生得滅度也 此上論信解

보살은 단지 망념으로 중생을 삼을 뿐이다. 그러므로 망념의 본체가 공한 줄 아는 것이 곧 중생을 제도하는 것이다. 그러나 망념이 이미 공적하기 때문에 실제로 멸도를 터득한 중생이란 없다.

이상의 부분은 신해에 대하여 논하였다.

---

68) 鳩摩羅什 譯, 『思益梵天所問經』 卷1, (大正藏15, p.36下)
69) 鳩摩羅什 譯, 『金剛般若波羅蜜經』, (大正藏8, p.749上)

V. 수증의 기초

37.

理雖頓悟 事非頓除

이치상으로는 진여의 돈오가 가능하지만 실제상으로는 번뇌의 돈제가 없다.[70]

文殊達天眞 普賢明緣起 解似電光 行同窮子 此下論修證

문수는 천연도리를 깨쳤고 보현은 연기도리를 설명하였다. 이해는 번개와 같이 빠를지라도 실행은 어린이처럼 더디다. 이하 부분은 수증을 논하겠다.

38.

帶婬修禪 如蒸沙作飯 帶殺修禪 如塞耳叫聲 帶偸修禪 如漏巵求滿 帶妄修禪 如刻糞爲香 縱有多智 皆成魔道

---

70) 般刺蜜帝 譯, 『大佛頂如來密因修證了義諸菩薩萬行首楞嚴經』 卷10, (大正藏19, p.155上)

음란한 마음으로 참선하는 것은 모래를 쪄서 밥을 짓는 것과 같고, 살생의 마음으로 참선하는 것은 귀를 막고 소리를 높이는 것과 같으며, 도둑질하는 마음으로 참선하는 것은 깨진 그릇에 물을 가득 채우려는 것과 같으며, 속이는 마음으로 참선하는 것은 똥으로 향을 만들려는 것과 같다. 이런즉 설령 지혜가 많더라도 모두 장애만 될 뿐이다.[71]

此明修行軌則 三無漏學也 小乘禀法爲戒 粗治其末 大乘攝心爲戒 細絶其本 然則法戒無身犯 心戒無思犯也 淫者斷淸淨 殺者 斷慈悲 盜者 斷福德 妄者 斷眞實也 能成智慧縱得六神通 如不斷殺盜婬妄則必落魔道 永失菩提正路矣此四戒 百戒之根故 別明之 使無思犯也 無憶曰戒 無念曰定 莫妄曰慧 又戒爲捉賊 定爲縛賊 慧爲殺賊 又戒器完固定水澄淸 慧月方現 此三學者 實爲萬法之源故 特明之 使無諸漏也

● 靈山會上豈有無行佛/ 少林門下豈有妄語祖/

이것은 수행의 원칙으로서 세 가지 무루학[72]을 설명한

71) 般剌蜜帝 譯, 『大佛頂如來密因修證了義諸菩薩萬行首楞嚴經』 卷6, (大正藏19, pp.131下-132下)

것이다. 소승에서는 품법으로 계를 삼기에 성글게 그 지말무명을 다스리고, 대승에서는 섭심으로 계를 삼기에 세밀하게 그 근본무명을 제거한다. 그러므로 품법으로 계를 삼는 소승계는 몸으로 범하는 것이 없고, 섭심으로 계를 삼는 대승계는 생각으로 범하는 것이 없다.

　음은 청정을 없애고, 살은 자비를 없애며, 도는 복덕을 없애고, 망은 진실을 없앤다. 지혜를 성취하여 설령 육신통을 터득했더라도 살·도·음·망을 없애지 못하면 반드시 마도에 빠져들어 영영 보리의 바른 길을 상실한다. 이 사계는 백계의 근본이므로 그것을 별도로 설명하여 생각으로도 범하지 못하게 한 것이다. 무엇을 계라 하고, 무념을 정이라 하며, 막망을 혜라 한다.73)

---

72) 세 가지 무루학은 계학·정학·혜학이고, 세 가지 유루학은 탐심·진심·치심이다.

73) 淨衆無相의 삼구법문을 인용한 것이다. 『歷代法寶記』, (大正藏51, p.185上) "김화상은 매년 섣달과 정월에 사부대중 백천만인을 모아서 수계를 하였다. 수계를 할 때에 도량을 깨끗이 장엄하고 高座에서 설법을 하였다. 이 때 먼저 引聲念佛을 하는데 염불소리를 다 내쉬어 그 소리가 끊어질 때까지 계속한다. 그리고 나서 無憶(일체의 상을 떠나는 것)·無念(일체의 망념을 여의는 것)·莫妄(일체의 것을 올바르게 사유하는 것)할 것을 말한다. 여기에서 無憶은 戒이고, 無念은 定이며, 莫妄은 慧이다. 이 삼구가 곧 總持門이다. 金和上每年十二月正月 與四衆百千萬人 受緣嚴設道場處 高座説法 先教引聲念佛 盡一氣念 絶聲停念訖云 無憶無念莫妄 無憶是戒 無念是定 莫妄是惠 此三句語卽 是總持門" 이 삼구법문에 대하여 종밀은 다음과 같이 말한다. 圭峯宗密, 『圓覺經大疏抄』卷3, (卍續藏經14, p.278) "삼구라는 것은 無憶·無念·莫忘이다. 생각에는 이미 지나간 境에 대해서는 그것을 추억하지 않는 것(이 無憶이고), 미래의 일에 대해서는 榮衰盛故에 대하여 염려하지 하는 것(이 無念이며), 현재의 일에 대해서는 지혜에 상응하여 昏錯이 없는 것이 莫忘이다. 혹은 外境에 대하여 억념이 없고, 內心에 대하여

또한 계는 번뇌를 알아차리는 것이고, 정은 번뇌를 포박하는 것이며, 혜는 도적을 없애는 것이다. 또한 계의 그릇이 온전하고 견고하면 정의 물이 맑게 담겨 혜의 달이 바야흐로 비췬다. 이 삼학은 실제로 모든 불법의 근원이기 때문에 특별히 그것을 설명하여 모든 유루가 없게 하는 것이다.

●

영산회상에 어찌 수행없는 부처가 있겠으며/
소림문하에 어찌 빈말하는 조사가 있겠는가/

39.

無德之人 不依佛戒 不護三業 放逸懈怠 輕慢他人
較量是非 而爲根本

妄念이 없으며, 隨緣에 대해서 의지함이 없는 것을 戒·定·慧의 순서에 따라 배열한 것이다. 비록 종지를 연설하는 방편은 다양하지만 모든 종지는 이 삼구에 귀속된다." 또한 『歷代法寶記』에서는 삼구를 삼학에 배대하여 다음과 같이 금강경의 사상을 엿보게 한다. 『歷代法寶記』, (大正藏51, p.185中) "이 삼구는 곧 총지문이다. 相에 대한 억념이 일어나지 않는 것이 계문이고, 분별에 대한 망념이 일어나지 않는 것이 정문이며, 인연법에 대한 분별념이 일어나지 않는 것이 혜문이다. 그리하여 이와 같은 갖가지 念이 일어나지 않는 것이 곧 계·정·혜이다. 과거 미래 현재의 항사와 같이 많은 제불도 바로 이 가르침에서 출현하였다. 그러니 이 밖에 따로 가르침이란 있을 수가 없다. 此三句語是總持門 念不起是戒門 念不起是定門 念不起惠門 無念卽是戒定惠具足 過去未來現在恒沙諸佛皆從此門入 若更有別門 無有是處"

덕이 없는 사람은 불계에 의하지 않고 삼업을 지키지 않으며 방일하여 게으름 피우고 타인을 업신여기며 시비를 따지는 것으로 근본을 삼는다.

一破心戒 百過俱生

한 번 심계를 파하면 백 가지 허물이 함께 발생한다.

評曰
如此魔徒/ 末法熾盛/ 惱亂正法/ 學者詳之//

말하자면,
이와같은 마구니는/
말법시대 치성하여/
정법을 흩어놓으니/
학자는 살필지어다//

40.
若不持戒 尙不得疥癩野干之身 況清淨菩提果可冀乎

만약 계를 지니지 않으면 비루먹은 여우의 몸도

받지 못하는데 하물며 청정한 보리과보인들 어
찌 바라겠는가.

重戒如佛 佛常在焉 須草繫鵝珠 以爲先導

　계를 부처님처럼 소중히 여기면 부처님이 항상 함께 할
것이다. 그러므로 모름지기 초계비구와 아주비구를 모범
으로 삼아야 한다.74)

41.
欲脫生死 先斷貪欲及諸愛渴

생사를 벗어나고자 하면 먼저 탐욕과 모든 갈애
를 제거해야 한다.75)

　愛爲輪廻之本 欲爲受生之緣 佛云婬心不除 塵不可出 又
云恩愛一縛着 牽人入罪門 渴者 情愛之至切也

---

74) 慧覺 等 譯, 『賢愚經』 卷5, (大正藏4, p.381中) ; 鳩摩羅什 譯, 『大莊嚴
　　論經』 卷3, (大正藏4, pp.368下-369下)
75) 佛陀多羅 譯, 『大方廣佛圓覺修多羅了義經』, (大正藏17, p.916中) ;
　　圭峯宗密, 『大方廣圓覺修多羅了義經略疏註』 卷下之一, (大正藏39,
　　pp.541上-552上)

애욕은 윤회의 근본이고 욕망은 轉生의 반연이다.76) 부처님은 '음심을 제거하지 못하면 속세를 벗어날 수 없다.'77) 라고 하였고, 또 '은애에 한번 휘말리면 그 사람에 이끌려 죄업의 문에 들어간다.' 라고 말했다. 이처럼 갈애는 애욕의 생각이 간절한 것을 말한다.

42.

無碍淸淨慧 皆因禪定生

걸림이 없는 청정한 지혜는 모두 선정에서 발생한다.78)

超凡入聖 坐脫立亡者 皆禪定之力也 故云 欲求聖道 離此無路

범부위를 초월하여 성인위에 오르며 좌탈하고 입망하는 것은 모두 선정의 힘에 달려 있다.79) 그러므로 성인의 길을 추구하려면 선정을 벗어나 달리 길이 없다고 말한다.80)

---

76) 『十方千五百佛名經』 卷7, (大正藏14, p.315中)
77) 般刺蜜帝 譯, 『大佛頂如來密因修證了義諸菩薩萬行首楞嚴經』 卷6, (大正藏19, p.131下)
78) 佛陀多羅 譯, 『大方廣佛圓覺修多羅了義經』, (大正藏17, p.919上) ; 張商英, 『護法論』, (大正藏52, p.643中)
79) 如斈, 『緇門警訓』 卷1 『坐禪儀』, (大正藏48, p.1047下)
80) 圭峯宗密, 『禪源諸詮集都序』 卷上之一, (大正藏48, p.339中)

43.

心在定 則能知世間生滅諸相

마음이 선정에 들면 세간의 모든 생멸상을 알 수
있다.[81)

虛隙日光/ 纖埃擾擾/ 淸潭水底/ 影像昭昭/

공간의 빈틈에 햇살 비춰면/
미세한 티끌 분분히 날린다/
맑디맑은 연못 물 바닥에는/
사물의 그림자 밝게 비춰네//[82)

44.

見境心不起 名不生 不生名無念 無念名解脫

외부경계를 마주치고도 분별심이 발생하지 않으
면 불생이라 이름한다. 불생은 무념이라 이름하
고 무념은 해탈이라 이름한다.[83)

---

81) 鳩摩羅什 譯, 『佛垂般涅槃略說教誡經』, (大正藏12, pp.1111下
   -1112上)
82) 圭峯宗密, 『禪源諸詮集都序』 卷上之一, (大正藏48, p.339下)

戒也 定也 慧也 擧一具三 不是單相

　계와 정과 혜는 하나에 세 가지가 구비되어 있으므로
낱낱의 모습으로 볼 것이 아니다.

---

83) 法海, 『六祖大師法寶壇經』, (大正藏48, p.351上-中)

45.

修道證滅 是亦非眞也 心法本寂 乃眞滅也 故曰
諸法從本來/ 常自寂滅相/

도를 닦아서 그 결과 열반을 증득하는 것은 진정
한 열반이 아니다. 심과 법이 본래 적멸한 것이야
말로 이에 진정한 열반이다. 그러므로 다음과 같
이 말한다.

제법은 본래부터/
늘상 열반상이네84)

眼不自見 見眼者妄也 故妙首思量 淨名杜黙 此下散擧細
行

눈은 제 눈을 보지 못하니 눈을 본다는 것은 거짓이다.

---

84) 鳩摩羅什 譯, 『妙法蓮華經』 卷1, (大正藏9, p.8中)

때문에 문수는 생각으로 헤아렸지만 유마는 침묵을 지켰다. 이하 부분에서는 용의주도한 수행을 낱낱이 언급할 것이다.

46.

貧人來乞 隨分施與 同體大悲 是眞布施

가난한 사람이 구걸하거든 적절하게 보시해야 한다. 동체대비85)하는 그것이 곧 진정한 보시이다.

自他爲一日同體 空手來空手去 吾家活計

나와 남이 하나가 되는 것을 동체라 말한다. 빈손으로 왔다가 빈손으로 돌아가는 것이 수행납자의 본분생활이다.

47.

有人來害 當自攝心 勿生嗔恨 一念嗔心起 百萬障門開

---

85) 天親 造, 眞諦 譯, 『佛性論』 卷2, (大正藏31, pp.796下-797上) 大悲
    의 종류 참조.

어떤 사람이 해꼬지를 하거든 마땅히 마음을 섭수하여 성을 내지 말라. 찰나라도 진심을 일으키면 온갖 장애문이 열리고 만다.86)

煩惱雖無量 瞋慢爲甚 涅槃云 塗割兩無心 瞋如冷雲中霹靂起火來

비록 번뇌가 한량없지만 그 가운데 진심과 아만이 제일이다. 『열반경』에서는 '해꼬지를 하거나 치료를 해주거나 어느 것에도 무심해야 한다.'87) 라고 말한다. 성내는 것은 차가운 구름에서 벼락이 치고 천둥이 울리는 것과 같다.

48.

若無忍行 萬行不成

만약 인욕수행이 없으면 모든 수행은 성취되지 못한다.88)

---

86) 鳩摩羅什 譯, 『佛垂般涅槃略說敎誡經』, (大正藏12, p.1111中) ; 實叉難陀 譯, 『大方廣佛華嚴經』 卷49, (大正藏10, pp.257下-258中) ; 佛馱跋陀羅 譯, 『大方廣佛華嚴經』 卷33, (大正藏9, p.607上)
87) 曇無讖 譯, 『大般涅槃經』 卷7, (大正藏12, p.403下)
88) 迦葉摩騰·法蘭 譯, 『四十二章經』, (大正藏17, p.722下)

行門雖無量 慈忍爲根源 古德云
忍心如幻夢/ 辱境若龜毛/

비록 수행문이 한량없지만 자비와 인욕이 그 근원이다.
고덕이 다음과 같이 말했다.

인욕의 마음이 환몽과 같으니/
인욕의 경계도 거북털 같다네/

49.

守本眞心 第一精進

본래의 진심을 지키는 것이 제일가는 정진이다.

若起精進心 是妄 非精進 故云 莫妄想莫妄想 懈怠者 常
常望後 是自棄人也

만약 정진심을 일으킨다면 그것은 망상이지 진정한 정
진이 아니다. 그러므로 망상 피우지 말라, 결코 망상 피우
지 말라고 말한다. 게으른 자는 늘상 뒤로 미루기만 한다.
이것은 자신을 포기하는 사람이다.

50.

持呪者 現業易制 自行可違 宿業難除 必借神力

주력수행을 하는 까닭은 금생업은 제어하기 쉬워서 스스로가 고칠 수 있지만 전생업은 제거하기 어려워 반드시 위신력에 의지해야 하기 때문이다.[89]

摩登得果 信不誣矣 故不持神呪 遠離魔事者 無有是處

마등가의 증과는 진실로 빈말이 아니다.[90] 때문에 신주를 수지하지 않고도 마사를 여읜다는 것은 있을 수 없는 일이다.

51.

禮拜者 敬也 伏也 恭敬眞性 屈伏無明

---

89) 宗泐·如玘,『楞伽阿跋多羅寶經註解』권7, (大正藏39, p.915中) 참조.
90) 般刺蜜帝 譯,『大佛頂如來密因修證了義諸菩薩萬行首楞嚴經』卷4, (大正藏19, p.121下) ; 安世高 譯,『佛說摩鄧女經』, (大正藏14, p.895) ;『佛說摩登女解形中六事經』, (大正藏14, pp.895下-896中) ; 竺律炎·支謙 共譯,『摩登伽經』卷上, (大正藏21, pp.399下-401中)

예배는 한편으로는 공경하고 한편으로는 굴복시키는 것이다. 곧 진성을 공경하고 무명을 굴복시키는 것이다.91)

身口意淸淨 則佛出世

신업·구업·의업이 청정하면 그것이 곧 부처님의 출세와 같다.

52.

念佛者 在口曰誦 在心曰念 徒誦失念 於道無益

염불은 입으로 하면 송이고, 마음으로 하면 염이다. 그러므로 다만 입으로만 하고 마음으로 하지 않으면 깨치는데 아무런 도움이 되지 않는다.92)

阿彌陁佛六字法門 定出輪廻之捷徑也 心則緣佛境界 憶持不忘 口則稱佛名號 分明不亂 如是心口相應 名曰念佛

---

91)『少室六門』, (大正藏48, p.369上) ; 鳩摩羅什 譯,『大智度論』卷100, (大正藏25, p.751上)
92)『少室六門』, (大正藏48, p.369上-中)

나무아미타불의 육자법문은 바로 윤회를 벗어나는 지름길이다. 마음으로는 불경계의 반연으로 憶持하여 잊지 않고, 입으로는 불명호의 칭명을 통하여 분명하고 어지럽지 않아야 한다. 이와 같이 마음과 입이 상응하는 것을 염불이라 말한다.

評曰

五祖云 守本眞心 勝念十方諸佛 六祖<五祖?>云 常念他佛 不免生死 守我本心 則到彼岸 又云佛向性中作 莫向身外求 又云迷人念佛求生 悟人自淨其心 又云大抵衆生 悟心自度 佛不能度衆生云云 如上諸德 直指本心 別無方便 (方將一法 便逗諸根) 理實如是 然迹門實有極樂世界 阿彌陀佛 有四十八大願 凡念十聲者 承此願力 往生蓮胎 徑脫輪廻 三世諸佛 異口同音 十方菩薩 同願往生 又況古今往生之人 傳記昭昭 願諸行者 愼勿錯認 勉之勉之 梵語阿彌陀 此云無量壽 亦云無量光 十方三世 第一佛號也 因名法藏比丘 對世自在王佛 發四十八願云 我作佛時 十方無央數世界 諸天人民 以至蜎飛蝡動之流 念我名十聲者 必生我刹中 不得是願 終不成佛云云 先聖云 唱佛一聲 天魔喪膽 名除鬼簿 蓮出金池 又懺法云 自力他力 一遲一速 欲越海者 種樹作船 遲也 比自力也 借船越海 速也 比佛力也 又曰世間稚兒 迫於水火 高聲大叫 則父母聞之 急走救援 如人臨命終時 高聲念佛 則佛具神通 決定來迎爾 是故大聖慈悲 勝於父母也 衆生生死 甚於水火也 有人云 自心淨

土 淨土不可生 自性彌陀 彌陀不可見 此言似是而非也 彼佛無貪無嗔 我亦無貪嗔乎 彼佛變地獄 作蓮花 易於反掌 我則以業力 常恐自墮於地獄 況變作蓮花乎 彼佛觀無量盡世界 如在目前 我則隔壁事 猶不知 況見十方世界 如目前乎 是故人人 性則雖佛 而行則衆生 論其相用 天地懸隔 圭峰云 設實頓悟 終須漸行 誠哉是言也 然卽寄語自性彌陀者 豈有天生釋迦自然彌陀耶 須自忖量 人豈不自知 臨命終時 生死苦際 定得自在否 若不如是 莫以一時貢高 却致永劫沉墮 又馬鳴龍樹 悉是祖師 皆明垂言敎 深權往生 我何人哉 不欲往生 又佛自云 西方去此遠矣 十萬(十惡)八千(八邪) 此爲鈍根說相也 又云西方去此不遠 卽心(衆生)是佛(彌陀) 此爲利根說性也 敎有權實 語有顯密 若解行相應者 遠近俱通也 故祖師門下 亦有或喚阿彌佛者慧遠 或喚主人公者瑞巖

자세하게 말하자면,

오조 홍인은 '본래의 진심을 지키는 것이야말로 시방제불을 염하는 것보다 낫다.'[93] 라고 말한다. 오조홍인은 '늘 상 외부의 부처만 염하는 것으로는 생사를 면하지 못한다. 자기의 본심을 지켜야만 피안에 이른다.'[94] 라고 말한다. 또 '부처는 자성속에서 찾아야지 외부에서 찾지 말라.'[95] 라고 말한다. 또 '어리석은 사람은 염불하여 환

---

93) 弘忍, 『最上乘論』, (大正藏48, p.377中)
94) 弘忍, 『最上乘論』, (大正藏48, p.377中) 본 『선가귀감』에서는 혜능의 말로 기록되어 있지만 실제로는 弘忍의 『最上乘論』에 나오는 말이다.

생을 추구하지만 깨친 사람은 자신의 마음을 청정케 한다.'96) 라고 말한다. 또 '대저 중생 자신이 마음을 깨쳐서 스스로 제도해야지 부처가 중생을 제도하지는 못한다. ….'97) 라고 말한다.

위의 제덕의 말씀은 곧바로 본심을 가리킨 것으로 달리 방편이 없다.(이 말씀들은 바야흐로 일법을 가지고 諸根을 막은 것이다.) 이치로 말하면 실로 이와 같지만 적문으로 말하면 실제로 극락세계의 아미타불에게도 48대원이 있다. 그래서 무릇 나무아미타불을 십성으로 염불하면 그 원력을 받아서 연태에 왕생하여 곧바로 윤회를 벗어난다고 삼세제불은 이구동음으로 말했고 시방 제 보살도 함께 왕생할 것을 발원하였다. 또 더구나 고금에 왕생한 사람들의 전기에 분명하게 나타나 있으므로 바라건대 수행납자들은 삼가 착각하지 말고 노력하고 또 노력해야 한다.

범어의 아미타는 번역하면 무량수이고 또 무량광이다. 시방삼세에 제일가는 불명호이다. 인행시절의 이름은 법장비구였다. 세자재왕불에게 다음과 같이 48원을 발원하였다. '제가 성불하면 시방 무앙수 세계의 제천과 인민 그리고 날벌레와 꿈틀거리는 중생에 이르기까지 제 이름을 십성[滿聲]하면 반드시 제 국토에 출생하게 하소서. 이 원이 성취되지 않으면 끝내 성불하지 않겠습니다. ….'98) 옛 성인은 '불명호 한마디를 부르면 천마는 간담을

---

95) 法海, 『六祖大師法寶壇經』, (大正藏48, p.352中)
96) 法海, 『六祖大師法寶壇經』, (大正藏48, p.352上)
97) 弘忍, 『最上乘論』, (大正藏48, p.378下)

잃고 그 이름이 명부에서 삭제되며 연꽃이 금 못에 나타난
다.'라고 하였다.

또 참법에는 '자력과 타력이 있는데 하나는 더디고 하나
는 빠르다. 바다를 건너고자 하는 사람이 나무를 심어서
배를 만드는 것은 더딘 것으로 자력을 비유한 것이다. 그
러나 배를 빌려서 바다를 건너는 사람은 빠른 것으로 불력
을 비유한 것이다.'라고 말했다. 또 '세간의 어린이가 물
과 불을 만나 큰소리로 부르짖으면 부모가 그 소리를 듣고
급히 달려가 도와준다. 그것은 마치 사람이 목숨을 마칠
때 큰소리로 염불하면 부처님이 갖추고 있는 신통력으로
반드시 다가와서 맞이할 것이다. 이런 까닭에 대성인의
자비는 부모보다 낫고, 중생의 생사는 물과 불보다 심각
하다.'라고 말했다.

어떤 사람은 '자기 마음이 정토이므로 정토에 태어날
것이 없고, 자기 성품이 미타이므로 미타를 볼 것이 없다.'
라고 말한다. 이 말은 옳은 듯하지만 그르다. 저 부처는
탐욕과 성냄이 없는데 우리에게도 역시 그처럼 탐욕과
성냄이 없는가. 저 부처에게는 지옥을 연꽃으로 변화시키
는 것이 손바닥 뒤집듯이 쉬운데 우리는 업력 때문에 항상
자신이 지옥에 떨어질 것을 두려워하는데 하물며 연꽃을

---

98) 康僧鎧 譯, 『佛說無量壽經』 卷上, (大正藏12, pp.267下-269中) ; 支
婁迦讖 譯, 『佛說無量淸淨平等覺經』 卷1, (大正藏12, p.281上-下) ;
支謙 譯, 『佛說阿彌陀三耶三佛薩樓佛檀過度人道經』 卷上, (大正藏
12, pp.301上-302中) ; 法賢 譯, 『佛說大乘無量壽莊嚴經』 卷上, (大
正藏12, pp.319上-320下) ; 王日休 校輯, 『佛說大阿彌陀經』 卷上,
(大正藏12, pp.328下-330中)

변화시킬 수가 있는가. 저 부처는 무량한 모든 세계를 눈앞에 있듯이 보는데 우리는 벽만 막혀있어도 알지 못하는데 하물며 시방세계를 눈앞에 있듯이 볼 수가 있는가.

이런 까닭에 비록 사람들의 성품은 부처이지만 행위는 중생이므로 그 모습과 작용을 논하자면 하늘땅만큼 차이가 있다. 규봉종밀의 '설령 돈오했다손 치더라도 끝내 점수행이 필요하다.'[99] 라는 말은 진실로 옳은 말이다.

그러면 자기의 성품이 미타라고 말한 사람에게 말해보자. 어찌 천생의 석가가 있고 자연의 미타가 있겠는가. 모름지기 스스로 헤아려 보면 사람들이 어찌 자신의 입장을 알지 못하겠는가. 목숨을 마칠 때 생사의 고통에서도 정히 자재한가. 만약 그렇지 못하다면 한때의 공고심으로 인하여 영겁토록 지옥에 빠져서는 안된다.

또 마명과 용수는 다 조사들로서 모두 가르침을 설명하여 간곡하게 왕생을 권하였는데 나는 도대체 어떤 사람이라고 왕생을 원하지 않는가. 또 부처님이 친히 '서방세계는 여기에서 멀리 있는데 십만(십악) 팔천(팔사)의 세계를 지나야 한다.'라고 말한 것은 둔근자를 위하여 相을 설명한 것이다. 그러나 또 '서방세계는 여기에서 멀지 않은데 즉심(중생) 시불(미타)이다.'라고 말한 것은 이근자를 위하여 性을 설명한 것이다.

敎門에는 권교와 실교가 있고, 語言에는 현교와 밀교가 있다. 만약 해와 행이 상응하는 자라면 원근에 두루 통할

---

99) 圭峯宗密, 『禪源諸詮集都序』 卷上之一, (大正藏48, p.399下)

것이다. 때문에 조사문하에도 또한 아미타불을 부른 여산
혜원100)이 있었는가 하면 주인공을 부른 서암사언101)도
있었다.

53.

聽經有經耳之緣 隨喜之福 幻軀有盡 實行不亡

**경문을 경청하면 經耳의 인연도 있고 隨喜의 복
덕도 있다. 곧 무상한 몸뚱아리는 끝이 있지만
진실한 행위는 없어지지 않는다.102)**

此明智學 如食金剛 勝施七寶 壽師云 聞而不信 尚結佛

---

100) 贊寧 撰,『大宋僧史略』卷下, (大正藏54, p.250下) "晉宋間有廬山慧
遠法師 化行潯陽 高士逸人 輻輳東林 皆願結香花 時雷次宗·宗炳·張詮·
劉遺民·周續之等 共結白蓮華社 立彌陀像 求願往生安養國 謂之蓮社
社之名始於此也" 廬山慧遠(523-592)은 敦煌 출신으로 속성은 李씨
이다. 13세 때 출가하여 교학과 율을 배웠다. 北周의 破佛 때에 항거한
까닭에 숨어지내면서 선정을 닦았다. 隋나라가 건국되자 文帝의 귀의
를 받아 법석을 크게 떨쳤다.『地持疏』5권,『華嚴疏』7권,『大乘義章』
14권,『無量壽經疏』2권,『觀無量壽經疏』2권 등의 저술이 있다.
101) 彌衍宗紹 編,『無門關』, (大正藏48, p.294中). 瑞巖師彦은 小彦長老
라고도 불리운다. 당 말기 靑原行思 계통으로 복건성 閩越 출신으로
속성은 許씨이다. 출가하여 巖頭全豁을 참문하여 그 법을 이었다.
후에 절강성 台州의 瑞巖院에 주석하였는데 武肅王 錢씨가 귀의하
였다. 그 법계는 다음과 같다. 靑原行思 – 石頭希遷 – 天皇道悟 –
龍潭崇信 – 德山宣鑒 – 巖頭全豁 – 瑞巖師彦
102) 如卺,『緇門警訓』卷2, (大正藏48, p.1052下)

84 선가귀감 禪家龜鑑

種之因 學而不成 猶盖人天之福

이것은 지혜로운 수행을 설명한 것이다. 마치 금강을 먹는 것이 칠보의 보시보다 훌륭한 것과 같다.103) 영명연수는 '듣고서 믿지 못하더라도 불종자의 인연은 맺어놓은 것이고, 수행하여 성취하지 못하더라도 인천의 복을 능가한다.'104) 라고 말했다.

54.

看經若不向自己上做工夫 雖看盡萬藏 猶無益也

경전을 읽되 자기를 벗어나서 공부를 하면 비록 모든 대장경을 읽더라도 아무런 쓸모가 없다.105)

此明遇學 如春禽晝啼 秋蟲夜鳴 密師云 識字看經 元不證悟 銷文釋義 唯熾貪嗔邪見

이것은 어리석은 수행을 설명한 것이다. 마치 봄날에는 새가 낮에 지저귀고 가을날에는 풀벌레가 밤새 우는 것과

---

103) 金剛은 결코 소화되거나 없어지지 않으므로 끝까지 남아 있다. 그러나 七寶는 보시하면 보시할수록 칠보가 줄어들게 되므로 끝내 없어지고 만다. 때문에 金剛이 七寶보다 훌륭하다.
104) 永明延壽, 『永明智覺禪師唯心訣』, (大正藏48, p.996下)
105) 張商英, 『護法論』, (大正藏52, p.644中)

같다.106) 규봉종밀은 '글자만 알면서 경전을 읽는 것은 본래부터 깨칠 수도 없고, 글만 새기면서 뜻을 해석하는 것만으로는 오직 탐견 · 진견 · 사견만 치성할 뿐이다.'107)라고 말했다.

55.

學未至於道 衒耀見聞 徒以口舌辯利 相勝者 如厠屋塗丹雘

수행하여 아직 깨치지도 못했으면서 견문을 떠벌려 자랑하고 쓸데없이 말재주를 내세우는 것으로 남들 위에 서려는 것은 마치 측간에다 단청하는 것과 같다.108)

別明末世愚學 學本修性 全習爲人 是誠何心哉

이것은 특별히 말법세계의 어리석은 수행을 설명한 것이다. 수행은 본래 자성을 닦는 것인데 오로지 남에게 보이기 위하여 닦는다면 그것은 진실로 무슨 심보일까.

---

106) 의미도 모르고 마음에 새기지도 않은 채 그저 혀만 놀리는 헛된 노력을 기울이는 것은 쓸모없는 수행이다.
107) 圭峯宗密, 『禪源諸詮集都序』 卷上之一, (大正藏48, p.400上)
108) 淨善, 『禪林寶訓』 卷1, (大正藏48, p.1018中)

VII. 출가의 정신

56.

出家人習外典 如以刀割泥 泥無所用而刀自傷焉

출가인이 외전을 공부하는 것은 마치 칼로 진흙을 베는 것과 같다. 곧 진흙은 그대로인데 칼만 상하고 만다.

門外長者子/ 還入火宅中/

집 밖에서 놀던 장자의 아이가/
도로 불난 집에 뛰어 들어가네/[109)

57.

出家爲僧 豈細事乎 非求安逸也 非求溫飽也 非求利名也 爲生死也 爲斷煩惱也 爲續佛慧命也 爲出三界度衆生也

---

109) 鳩摩羅什 譯,『妙法蓮華經』卷2, (大正藏9, pp.12中-14下)

출가하여 승려가 되는 것이 어찌 사소한 것이겠는가. 일신의 안일을 추구하는 것도 아니고, 등 따시고 배부른 것을 추구하는 것도 아니며, 이익과 명예를 추구하는 것도 아니다.

오로지 생사를 벗어나고, 번뇌를 제거하며, 부처님의 혜명을 잇고, 삼계를 벗어나 중생을 제도하려는 것이다.110)

可謂衝天大丈夫

가히 하늘을 찌르는 대장부의 뜻이라 할만하다.

58.

佛云無常之火 燒諸世間 又云衆生苦火 四面俱焚
又云諸煩惱賊 常伺殺人 道人宜自警悟 如救頭燃

부처님은 '덧없는 불꽃이 모든 세간을 불살라버린다.'111) 라고 말하였다. 또 '중생의 고통스런

---

110) 如崒, 『緇門警訓』卷2, (大正藏48, pp.1050中-1051下) '周京師大
　　 中興寺道安法師遺誡九章以訓門人其詞' 및 '大唐慈恩法師出家箴'
　　 참조.

불꽃이 사방에서 일시에 일어난다.'112) 라고 말하였다. 또 '모든 번뇌의 도둑이 늘상 그대들을 죽이려고 엿보고 있다.'113) 라고 말하였다. 그러므로 수도인이라면 마땅히 스스로 속차려서 머리에 붙은 불을 끄듯이 해야 한다.114)

身有生老病死 界有成住壞空 心有生住異滅 此無常苦火
四面俱焚者也
謹白參玄人/ 光陰莫虛度/

육신에는 생상·노상·병상·사상이 있고, 세계에는 성상·주상·괴상·공상이 있으며, 마음에는 생상·주상·이상·멸상이 있다. 이것은 곧 덧없는 고통의 불꽃이 사방에서 일시에 일어나 불태우는 것을 말한 것이다.

삼가 수행자에게 이르노니/
세월을 허비해서는 안된다/115)

---

111) 鳩摩羅什 譯, 『佛垂般涅槃略說教誡經』, (大正藏12, p.1111上)
112) 鳩摩羅什 譯, 『妙法蓮華經』 卷2, (大正藏9, pp.12中-14下)
113) 鳩摩羅什 譯, 『佛垂般涅槃略說教誡經』, (大正藏12, p.1111中)
114) 鳩摩羅什 譯, 『大智度論』 卷19, (大正藏25, p.304下) ; 雲棲袾宏,
     『禪關策進』, (大正藏48, p.1108中)
115) 道原 纂, 『景德傳燈錄』 卷30, (大正藏51, p.459中)

59.

貪世浮名 枉功勞形 營求世利 業火加薪

부평초와 같은 세간의 명예를 탐하면 쓸데없이 몸만 피곤하고 세간의 이익을 쫓는 것은 業火에 섶을 보태는 택이다.

貪世浮名者 有人詩云
鴻飛天末迹留沙/ 人去黃泉名在家/
營求世利者 有人詩云
采得百花成蜜後/ 不知辛苦爲誰甛/
枉功勞形者 鑿氷彫刻 不用之巧也 業火加薪者 麗弊色香
致火之具也

부평초와 같은 세간의 명예를 탐하는 것에 대하여 어떤 사람은 다음과 같은 시를 썼다.

기러기 하늘가에 날아갔는데/
발자취 모래자락 남아있다네/
사람은 황천길로 떠나갔는데/
이름만은 집안에 남아있다네//

세간의 이익을 쫓는 것에 대하여 어떤 사람은 다음과 같은 시를 썼다.

온갖 꽃 뒤적이며/
꿀 따서 모았건만/
뉘 위한 수고인지/
당최 알지 못하네//

쓸데없이 몸만 피곤하다는 것은 얼음을 쪼아 조각하는 것처럼 쓸모없는 기교를 말한다. 업화에 섶을 보탠다는 것은 거칠고 낡은 색과 향이 불을 당기는 도구임을 말한다.

60.

名利衲子 不如草衣野人

명리를 따르는 납자는 초의를 걸친 촌로만도 못하다.

唾金輪入雪山 千世尊不易之軌則 末世羊質虎皮之輩 不識廉恥 望風隨勢 陰媚取寵 噫 其懲也夫 心染世利者 阿附權門 趨走風塵 返取笑於俗人 此衲子以羊質 證此多行 以懲也夫三字結之 此三字文出莊子

금륜도 버리고 설산에 들어간 것은 천 명의 세존이 출현
해도 바꾸지 않을 궤칙이다. 그런데 말법세계에 양의 몸
으로 호피를 걸친 무리들은 염치도 모른 채 기회를 편승하
고 세력에 휩쓸려 아첨하며 환심을 사고 있다.

아! 그것이야말로 '징야부'로다.

마음이 세간의 명리에 물든 자는 권문세가에 아부하며
풍진을 좇다가 도리어 세속인의 비웃음거리만 되고 만다.
이처럼 납자를 양의 몸에다 비유한 것은 여러 가지 행위로
나타나 있다. 때문에 '징야부'라는 세 글자로 결론 맺은
것이다. '징야부'라는 세 글자의 글은 장자116)에 있는 말
이다.

61.

佛云云何賊人 假我衣服 裨販如來 造種種業

**부처님은 '어째서 도적들이 우리의 가사를 걸치
고 여래를 팔아먹고 갖가지 업을 짓는단 말인가.'
라고 말했다.117)**

---

116) 『莊子』 제20, [山木篇] 장자와 위왕의 대화에 나오는 말인데 좋은
     先例 내지는 분명한 증명을 가리키는 말이다.
117) 般刺蜜帝 譯, 『大佛頂如來密因修證了義諸菩薩萬行首楞嚴經』 卷6,
     (大正藏19, p.132中)

末法比丘 有多般名字 或鳥鼠僧 或啞羊僧 或禿居士 或
地獄滓 或被袈裟賊 噫 其所以以此 裨販如來者 撥因果排
罪福 沸騰身口 迭起愛憎 可謂愍也 避僧避俗曰鳥鼠 舌不
說法曰啞羊 僧形俗心曰禿居士 罪重不遷曰地獄滓 賣佛營
生曰被袈裟賊 以被袈裟賊 證此多名 以此二字結之 此二
字文出老子

말법세계의 비구들은 여러 가지 이름이 있다. 소위 박쥐
승려라고도 하고, 음매 승려라고도 하며, 머리 깎은 거사
라고도 하고, 지옥의 잔재라고도 하며, 가사 걸친 도적이
라고도 한다.

아! 여러 가지 이름이 있는 까닭은 이렇다[以此].

여래를 팔아먹는다는 것은 인과 과를 부정하고 죄와 복
을 배척하는 등 몸과 입으로는 물이 끓듯이 업을 쌓고
끊임없이 애증을 일으키는 것이다. 말하자면 참으로 불쌍
하구나. 출가인도 아니고 재가인도 아닌 자를 박쥐 승려
라 하고, 입을 가지고도 설법도 못하는 자를 음매 승려라
하며, 모습은 승려이면서 마음은 속물인 자를 머리 깎은
거사라 하고, 죄가 무거워도 참회하지 않는 자를 지옥의
잔재라 하며, 부처를 팔아 생활하는 자를 가사 걸친 도적
이라 한다.

결국은 가사를 걸친 도적이기 때문에[118] 이처럼 여러
가지 이름이 붙는다. 그래서 이렇다[以此]는 두 글자로

---

118) 長水子璿,『首楞嚴義疏注經』卷六之二, (大正藏39, p.914上) 참조.

그것을 결론맺은 것이다. 이 以此라는 두 글자는 노자119)
에 있는 말이다.

62.
於戲 佛子一衣一食 莫非農夫之血 織女之苦 道眼
未明 如何消得

**아! 우리 불제자들의 한 벌의 옷과 한 끼의 공양
은 농부의 피 아님이 없고 직녀의 노고 아님이
없다. 그러니 깨침의 안목을 열지 못하면 어떻게
그 은혜를 갚겠는가.120)**

　傳燈 一道人道眼未明故 身爲木菌 以還信施

『전등록』에는 '한 수행자가 깨침의 안목을 열지 못한
탓으로 죽어서 버섯이 되어 信施의 은혜를 갚았다.'121)

---

119)『老子』以正治國章 57. "以正治國 以寄用兵 以無事取天下 吾何以知
　　其然哉以此"
120) 如卺,『緇門警訓』卷7, (大正藏48, p.1076下) 참조.
121) 道原 纂,『景德傳燈錄』卷2, (大正藏51, p.211中) "第十五祖迦那提
　　婆者 南天竺國人也 姓毘舍羅 初求福業兼樂辯論 後謁龍樹大士將及
　　門 龍樹知是智人 先遣侍者 以滿鉢水置於坐前 尊者睹之卽以一鍼投
　　之而進 欣然契會 龍樹卽爲說法 不起於坐見月輪相 唯聞其聲不見其
　　形 尊者語衆曰 今此瑞者 師現佛性表說法非聲色也 尊者旣得法 後至

라는 말이 있다.

63.

故曰 要識披毛戴角底麼 即今虛受信施者是 有人
未飢而食 未寒而衣 是誠何心哉 都不思目前之樂
便是身後之苦也

때문에 '피모대각의 도리를 알고자 하는가. 금생
에 信施를 헛되이 받은 남자가 그것이다.' 라고
말한다. 곧 어떤 사람은 배가 고프지 않아도 먹고
춥지 않아도 옷을 입는다.122) 이것은 진실로 무
슨 심보일까. 도무지 눈앞의 쾌락이 곧 후생의
고통인 줄을 생각하지 못하는 것이다.

智論 一道人五粒粟 受牛身 生償筋骨 死還皮肉

毘羅國 彼有長者曰梵摩淨德 一日園樹生大耳如菌 味甚美 唯長者與
第二子羅睺羅多取而食之 取已隨長盡而復生 自餘親屬皆不能見 時
尊者知其宿因遂至其家 長者問其故 尊者曰 汝家昔曾供養一比丘 然
此比丘道眼未明 以虛霑信施故報爲木菌 惟汝與子(正宗云與次子)精
誠供養 得以享之 餘卽否矣"; 如卺, 『緇門警訓』卷7, (大正藏48,
p.1076中) "祖師云 入道不通理 復身還信施 長者八十一 其樹不生
耳 終不虛也"

122) 如卺, 『緇門警訓』卷7, (大正藏48, p.1076下)

虛受信施/ 報應如響/

『대지도론』에서는 '한 수행납자가 좁쌀 다섯 알 때문에 소의 몸을 받았다. 그래서 생전에는 뼈가 빠지도록 일해 주는 것으로 보상하고 죽어서는 가죽과 살로 보답하였다.'[123] 라고 말한다.

信施를 헛되이 받으면/
과보가 메아리 같다네/

64.

故曰 寧以熱鐵纏身 不受信心人衣 寧以洋銅灌口
不受信心人食 寧以鐵鑊投身 不受信心人房舍等

---

123) 鳩摩羅什 譯, 『大智度論』 卷27, (大正藏25, p.260下) "如憍梵缽提
牛業習故 常吐食而齝" 참조. ; 懷信, 『釋門自鏡錄』 卷上, (大正藏51,
p.812中-下) "新羅國禪師割肉酬施主事(新錄) 隋末新羅國有一禪
師 失其名 景行精著多在一檀越家 偏受供養 往來不絶 可向十年 檀
越信力堅深家途豐渥 朝夕四事身心俱盡 禪師年老致終依法埋殯 不
盈數日其家園中枯木忽生軟菌 家人採以爲臛 味同於肉 大小歡慶日
日取之 遍木隨生給用無盡 歲月稍久親鄰咸悉 後西鄰一人踰垣夜竊
以刀割取 忽聞木作人聲云 誰割我肉 我不負君 其人驚問 汝是誰耶
答曰 我是往某禪師 緣我道行輕微受主人重心供養業不能消 來此償
債 君能爲我乞物 還主人吾卽得解脫 鄰人先憶識之 故怪歎嗚呼 卽告
主人 主人聞此崩號殞絶對木懺悔 謝愆誓相免放 鄰人爲乞一百碩米
來與主人 於是園中不復生也 有新羅僧達義 年將八十 貞誠懇到記跡
此山 余敬其德時給衣藥 義對余悲泣具述此由云 餘來亦割肉還師也"

때문에 '차라리 뜨거운 철판을 몸에 걸칠지언정 信心人이 준 옷을 받지 말고, 차라리 펄펄 끓는 구릿물을 마실지언정 신심인이 준 음식을 받지 말며, 차라리 끓는 가마솥에 몸을 던질지언정 신심인의 방사를 받지 말라.'124) 라고 말한다.

梵網經云 不以破戒之身 受信心人 種種供養 及種種施物 菩薩若不發是願 則得輕垢罪

『범망경』에서는 '파계한 몸으로는 신심인의 갖가지 공양물과 갖가지 보시물을 받지 말라. 만약 보살로서 이와 같이 발원하지 않으면 경구죄를 범하는 것이다.'125) 라고 말한다.

65.

故曰 道人進食如進毒 受施如受箭 幣厚言甘 道人所畏

때문에 '수행납자는 음식을 받을 때는 독을 받듯

---

124) 如巹, 『緇門警訓』卷7, (大正藏48, p.1076上-中)
125) 鳩摩羅什 譯, 『梵網經』卷下, (大正藏24, p.1007中)

이 하고, 보시물을 받을 때는 화살을 받듯이 해야 한다. 많은 보시물과 찬탄하는 말은 수행남자가 꺼려야 할 바이다.'126) 라고 말한다.

進食如進毒者 畏喪其道眼也 受施如受箭者 畏失其道果也

음식을 받을 때는 독을 받듯이 하라는 것은 깨침의 안목을 상실할까봐 꺼리는 것이다. 보시물을 받을 때는 화살을 받듯이 하라는 것은 깨침의 성과를 상실할까봐 꺼리는 것이다.

66.

故曰 修道之人 如一塊磨刀之石 張三也來磨 李四也來磨 磨來磨去 別人刀快 而自家石漸消 然有人更嫌他人不來我石上磨 實爲可惜

때문에 '수도인은 마치 하나의 숫돌에다 장서방이 와서 칼을 갈고 이서방이 와서 칼을 가는 것과 같다. 그래서 칼을 갈수록 남의 칼은 날이 서지만

---

126) 如巹, 『緇門警訓』 卷7, (大正藏48, p.1076下) 참조.

자기의 숫돌은 점차 닳아지고 만다. 그러나 어떤 사람은 남이 와서 내 숫돌에다 칼을 갈지 않는 것을 한탄하는데 그것은 참으로 딱한 일이다.'127) 라고 말한다.

如此道人 平生所向 只在溫飽

이처럼 어리석은 수행납자는 평생토록 등 따시고 배부르는 것만 바란다.

67.

故古語亦有之曰 三途苦未是苦 袈裟下失人身　始是苦也

때문에 옛말에 또한 '삼악도의 고통이 정작 고통이 아니라 가사를 걸치고도 사람 몸 받지 못하는 것이야말로 정작 고통이다.'128) 라는 말도 있다.

古人云 今生未明心 滴水也難消 此所以袈裟下 失人身也

---

127) 如巹, 『緇門警訓』 卷7, (大正藏48, p.1076下)
128) 淨善, 『禪林寶訓』 卷1, (大正藏48, p.1021中)

佛子佛子 憤之激之 此章始起於一於戱 終結於一古語 中
間紬繹許多故曰字亦一段文法也

　　고인은 '금생에 마음을 깨치지 못하면 한 방울의 물조차
소화시키기 어렵다.' 라고 말했다.129) 이것은 가사를 걸
치고도 사람 몸을 받지 못한 것을 가리킨다. 그러니 불제
자들이여, 끝없이 분발해야 할 것이다.
　　이 章은 하나의 '於戱'로부터 시작하여 하나의 '古語'
에서 끝나는데 그 중간에 늘어놓은 많은 '故曰'의 글자는
나름대로 글로 표현한 설법들이다.130)

68.

咄哉 此身九孔常流 百千癰疽 一片薄皮 又云革囊
盛糞 膿血之聚 臭穢可鄙 無貪惜之 何況百年將養
一息背恩

참으로 덧없도다, 이 몸뚱아리여. 아홉 구멍에서

---

129) 裴休 集,『黃檗山斷際禪師傳心法要』,（大正藏48, p.384上）"甚生阿難
　　三十年爲侍者 秖爲多聞智慧 被佛訶云 汝千日學慧 不如一日學道 若不
　　學道 滴水難消"
130) '於戱'는 於戱 佛子一衣一食 莫非農夫之血 織女之苦 道眼未明 如何
　　消得 부분을 가리키고, '古語'는 故古語亦有之 曰三途苦未是苦 袈裟
　　下失人身 始是苦也 부분을 가리킨다. 중간의 '故曰'이란 '於戱'와
　　'古語' 사이에 총 4회에 걸쳐 등장한 각각의 문단을 가리킨다.

는 늘상 부정물이 흘러나오고, 백천 가지 등창과 종기를 한 조각 엷은 피부가 덮고 있다. 또 말하자면 가죽부대에는 똥이 가득하고 피고름이 모여 있어서 더러운 냄새만 진동한다. 그러므로 몸뚱아리에 탐착하지 말라. 하물며 평생을 길러놓아도 숨 한 번에 은혜를 저버리고 만다.[131]

上來諸業 皆由此身 發聲叱咄 深有警也 此身諸愛根本
了之虛妄 則諸愛自除 如其耽着 則起無量過患 故於此特
明之 以開修道之眼也

위에서 말한 모든 업은 다 이 몸을 말미암은 것이므로 자신을 크게 꾸짖고 깊이 경책해야 한다.

이 몸은 모든 애욕의 근본이다. 그러므로 몸이 허망한 줄 알면 모든 애욕은 저절로 사라진다. 반대로 몸에 탐착하면 무량한 허물과 근심이 일어난다. 때문에 여기에서 특별히 그것을 설명하여 수도인의 안목을 틔워주겠다.

評曰
四大無主故 一爲假四寃 四大背恩故 一爲養四蛇 我不了
虛妄故 爲他人也嗔之慢之 他人亦不了虛妄故 爲我也嗔之

---

131) 慧嚴 等 編, 『大般涅槃經』 卷1, (大正藏12, p.606下)

慢之 若二鬼之爭一屍也 一屍之爲體也 一曰泡聚 一曰夢
聚 一曰苦聚 一曰糞聚 非徒速朽 亦甚鄙陋 上七孔 常流涕
唾 下二孔 常流屎尿 故須十二時中 潔淨身器 以參衆數 凡
行麤不淨者 善神必背去 因果經云 將不淨手 執經卷 在佛
前 涕唾者 必當獲厠蟲報 文殊經云 大小便時 狀如木石 愼
勿語言作聲 又勿畫壁書字 又勿吐痰入厠中 又云登厠不洗
淨者 不得坐禪床 不得登寶殿 律云初入厠時 先須彈指三
下 以警在穢之鬼 黙誦神呪 各七遍 初誦入厠呪曰 옴 하로
다야 사바하[唵 狼嚕陀耶 莎嚩訶] 次誦洗淨呪曰 옴 하나
미리제 사바하[唵 賀曩 密((口+栗)帝 莎嚩訶] 右手執瓶
左手用無名指洗之 淨水旋旋傾之 着實洗淨 次誦洗手呪
曰 옴 주가라야 사바하[唵 主迦囉野 莎嚩訶] 次誦去穢呪
曰 옴 시리예바혜 사바하[唵 室利曳 婆醯 莎嚩訶] 次誦淨
身呪曰 옴 바아라 놔가닥 사바하[唵 跋折囉 惱迦吒 娑嚩
訶] 此五神呪 有大威德 諸惡鬼神 聞必拱手 若不如法誦持
則雖用七恒河水 洗至金剛際 亦不得身器淸淨 又云洗淨
須用冷水 洗手須用皂角 又木屑灰泥 亦通 若不用灰泥 則
觸水淋其手背 垢穢尙存 禮佛誦經必得罪云云 此登厠洗淨
之法 亦是道人 日用行實 故略引經語 並附于此

말하자면,
　사대의 몸에는 주인이 없기 때문에 한편으로는 네 가지
원수가 일시적으로 모였다고도 말한다. 사대의 몸은 은혜
를 저버리기 때문에 한편으로는 네 마리 뱀을 기른다고도

말한다. 자신은 이 몸이 허망한 줄을 알지 못하므로 타인으로 인하여 성내고 아만을 부리고, 타인도 역시 그 몸이 허망한 줄을 알지 못하므로 나로 인하여 성내고 아만을 부린다. 이것은 마치 두 귀신이 한 송장을 두고 다투는 것과 같다. 한 송장이 되어버린 몸은 물거품과 망상과 고뇌와 똥 등이 모여있는 것이다.

이것은 비단 빨리 썩어질 뿐만 아니라 또한 매우 더러운 것이다. 그래서 상체의 일곱 구멍에서는 늘상 눈물과 침이 흘러나오고 하체의 두 구멍에서는 늘상 똥과 오줌이 흘러나온다. 때문에 모름지기 밤낮으로 몸뚱아리를 정결하게 하여 대중자리에 나아가야 한다.132) 무릇 행위가 거칠고 더러운 자는 선신이 반드시 고개를 돌려버린다.

『인과경』에서는 '더러운 손으로 경전을 만지거나 부처님 앞에 침을 뱉는 자는 내생에 반드시 측간의 구더기의 과보를 받는다.'133) 라고 말한다. 또 『문수경』134)에서는 '대소변을 볼 때는 마치 목석처럼 삼가 말하거나 소리내지 말고, 벽에다 낙서하거나 그림을 그리지 말며, 측간에 들러서 가래침을 뱉지도 말라.' 라고 말한다. 또 '측간에 다녀와서 씻지 않은 자는 좌선하는 자리에 앉지도 말고, 법당에 들어가지도 말라.' 라고 말한다.

율장에서는 다음과 같이 말한다.

[막 측간에 들어갔을 때 먼저 반드시 손가락을 세 번

132) 如巹, 『緇門警訓』 卷8, (大正藏48, p.1084上)
133) 求那跋陀羅 譯, 『過去現在因果經卷』 卷4, (大正藏3, p.648中)
134) 僧伽婆羅 譯, 『文殊師利問經』 卷1, (大正藏14, p.493中)

튀겨서 측간의 귀신을 일깨우고 신주를 7번 묵송한다.

처음에는 입측주문을 묵송한다.

옴 하로다야 사바하[唵 狼嚕陀耶 莎嚩訶]

둘째는 세정주문을 묵송한다.

옴 하나마리제 사바하[唵 賀曩密(口+栗)帝 莎嚩訶]

오른손으로 물병을 들고 왼손의 무명지를 가지고 씻는데 정수를 졸졸 부어서 깨끗이 씻는다.

셋째는 세수주문을 묵송한다.

옴 주가라야 사바하[唵 主迦囉野莎嚩訶]

넷째는 거예주문을 묵송한다.

옴 시리예 바혜 사바하[唵 室利曳 婆醯 莎嚩訶]

다섯째는 정신주문을 묵송한다.

옴 바아라 놔가닥 사바하[唵 跋折囉 惱迦吒 婆嚩訶]135)

이 다섯 가지 신주는 큰 위덕이 있어 모든 악귀신들이 들으면 반드시 읍을 하게 된다. 만약 여법하게 송지하지 않으면 비록 일곱 항하수로 영원히 씻는다해도 몸뚱아리가 청정해지지 않는다.]

또 다음과 같이 말한다.

[세정에는 반드시 찬물을 쓴다. 손을 씻을 때는 반드시 쥐엄나무[皂角]를 사용한다. 또 톱밥을 태운 잿물도 역시 가능하다. 그러나 잿물을 쓰지 않을 경우에는 물을 손등까지 씻어주더라도 더러움이 남아 있다. 그 상태로 예불

---

135) 如巹, 『緇門警訓』 卷9, (大正藏48, pp.1091下-1092中)

하거나 송경하면 반드시 죄가 된다. ….]

이것은 측간에 들러서 세정하는 예법으로 역시 수행납자의 일상행실이기도 하다. 때문에 간략하게 경문의 말을 인용하여 여기에 덧붙이는 바이다.

69.

有罪卽懺悔 發業卽慚愧 有丈夫氣象 又改過自新
罪隨心滅

죄가 있으면 참회하고 행위를 드러내어 참괴하면 그것이 대장부의 기상이다.
또한 허물을 고쳐 스스로 새롭게 하면 죄과는 마음을 따라 사라진다.[136]

懺悔者 懺其前愆 悔其後過 慚愧者 慚責於內 愧發於外
然心本空寂 罪業無寄

참회에서 이전의 허물을 뉘우치는 것은 참이고 앞으로 허물을 짓지 않겠다는 것은 회이다.[137] 참괴에서 안으로 꾸짖는 것은 참이고 밖으로 드러내는 것은 괴이다.[138]

---

136) 迦葉摩騰·法蘭 譯, 『四十二章經』, (大正藏17, p.722中)
137) 法海, 『六祖大師法寶壇經』, (大正藏48, pp.353下-354上)

그러나 마음은 본래부터 공적하므로 죄업이 깃들 곳이 없다.139)

70.

道人宜應端心 以質直爲本 一瓢一納 旅泊無累

수행납자는 마땅히 마음을 단정히 하고 검소하고 솔직한 마음으로 근본을 삼아야 한다.140) 표주박 하나와 누더기 한 벌이면 만행하는 데 걸림이 없다.

佛云 心如直絃 又云 直心是道場 若不耽着身 則必旅泊無累

부처님은 '마음을 곧은 줄과 같이 지녀야 한다.' 라고 말했다. 부처님은 또한 '직심이 바로 도량이다.' 라고 말했다. 만약 육신에 탐착이 없으면 만행하는 것에 절대 걸림이 없다.

---

138) 道誠, 『釋氏要覽』 卷中, (大正藏54, p.278下)
139) 宗密, 『都序』 卷上之二, (大正藏48, p.402下) "故妄念本寂塵境本空空寂之心靈知不昧 卽此空寂之知 是汝眞性" 참조.
140) 鳩摩羅什 譯, 『佛垂般涅槃略說教誡經』, (大正藏12, p.1111中)

71.

凡夫取境 道人取心 心境兩忘 乃是眞法

범부는 경계에 집착하고 수행납자는 마음에 집
착한다. 그러나 마음과 경계를 모두 잊는 것이야
말로 곧 진법이다.141)

取境者 如鹿之趁空花也 取心者 如猿之捉水月也 境心雖
殊 取病則一也 此合論凡夫二乘
● 天地尚空秦日月/ 山河不見漢君臣/

경계에 집착하는 것은 마치 사슴이 공화를 따르는 것과
같다. 마음에 집착하는 것은 마치 잔나비가 물속에 비친
달을 움켜잡으려는 것과 같다. 비록 경계와 마음이 다를
지라도 집착의 병통이라는 점은 동일하다. 이것은 범부와
이승을 아울러 논한 것이다.

●

천지에는 진나라의 해와 달이 본래 없고/
산하에는 한나라의 군과 신이 본래 없네/

---

141) 道原 纂, 『景德傳燈錄』 卷9, (大正藏51, p.271下) ; 裵休 集, 『黃檗山
斷際禪師傳心法要』, (大正藏48, p.381上)

72.

聲聞宴坐林中 被魔王捉 菩薩遊戲世間 外魔不覓

성문은 숲속에 조용히 앉아있어도 마왕에게 붙잡히지만 보살은 세간에 노닐어도 외마가 찾지 못한다.

聲聞 取靜爲行故心動 心動則鬼見也 菩薩 性自空寂故無迹 無迹則外魔不見 此合論二乘菩薩

● 三月懶遊花下路/ 一家愁閉雨中門/

성문은 적정에 집착하여 수행하기 때문에 마음이 동요한다. 마음이 동요하면 귀신이 엿본다. 보살은 본래 성품이 공적하기 때문에 흔적이 없다. 흔적이 없으면 외마가 찾지 못한다. 이것은 이승과 보살을 아울러 논한 것이다.

●

봄날에 닐리리야 꽃놀이 노니는데/
빗속에 문 닫고 걱정하는 집 있네/

73.

凡人臨命終時 但觀五蘊皆空 四大無我 眞心無相

不去不來 生時性亦不生 死時性亦不去 湛然圓寂
心境一如 但能如是 直下頓了 不爲三世所拘繫 便
是出世自由人也 若見諸佛 無心隨去 若見地獄 無
心怖畏 但自無心 同於法界 此卽是要節也 然則平
常是因 臨終是果 道人須着眼看

무릇 임종에 도달해서도 오온이 모두 공하고 사
대가 무아이며, 진심은 분별상이 없고 오고 감도
없으며, 태어날 때에도 성품 역시 생겨남이 없고
죽을 때에도 성품 역시 사라짐도 없어 그윽이 원
적하여 마음과 경계가 일여한 줄을 분명하게 관
찰하는 사람이 있다. 그 사람처럼 곧바로 깨쳐서
삼세에 구속되지 않으면 그야말로 출세의 자유
인이다. 그런 자유인은 설령 제불을 친견해도 따
를 마음이 없고, 지옥을 보고도 두려운 마음이
없다. 이처럼 무릇 무심하면 곧 법계와 동일해진
다. 이것이야말로 수행납자의 필요조건이다. 이
것은 평상의 인이 있었기에 임종의 과가 있는 것
이다. 그러므로 수행납자라면 모름지기 이 말에

착안해야 한다.

怕死老年親釋迦
● 好向此時明自己/ 百年光影轉頭非/

죽음이 두려운 노년기에 이르러서야 석가를 가까이 한
다.

●
마땅히 지금 자기를 깨쳐야 하리/
백 년의 세월도 찰나에 지나가네/

74.
凡人臨命終時 若一毫毛 凡聖情量不盡 思慮未忘
向驢胎馬腹裏托質 泥犁鑊湯中煮煠 乃至依前再
爲螻蟻蚊蝱

무릇 임종에 도달하여 털끝만치라도 범부와 성
인의 분별심이 없어지지 않거나 분별사려가 남
아 있으면 나귀나 말처럼 몸을 축생에 의탁하거
나 확탕지옥의 고통을 받다가 마침내 사람 몸 받

기 이전처럼 다시 미물이 되고 만다.

白雲云 設使一毫毛凡聖情念淨盡 亦未免入驢胎馬腹中
二見星飛 散入諸趣
● 烈火茫茫/ 寶劍當門/

백운수단은 '설사 털끝만큼이라도 범성의 분별심을 가
지고 청정을 성취했다면 그 역시 나귀나 말의 축생을 벗어
나지 못한다.' 라고 말했다. 분별심이 부산하면 육도에 윤
회한다.

●

치성한 불꽃이 타오르고/
보검이 눈앞에 번뜩이네/

評曰
此二節 特開宗師無心合道門 權遮敎中念佛求生門 然根
器不同 志願亦異 各各如是 兩不相妨 願諸道者 平常隨分
各自努力 最後利那 莫生疑悔

말하자면,
위의 두 구절은142) 특별히 명안종사의 무심합도문을

---

142) 임종에 대하여 설명한 위의 두 단락을 가리킨다. "凡人臨命終時 但
觀五蘊皆空 四大無我 眞心無相 不去不來 生時性亦不生 死時性亦不

내세움으로써 방편상 교문에서 염불로 왕생극락하는 가르침을 접어둔 부분에 해당한다. 그러나 각기 根器가 다르고 의지와 원력도 다르다. 때문에 각각[143] 이와 같지만 그 둘이 서로 장애되는 것은 아니다. 그러므로 바라건대 모든 수행납자는 평소 자기가 수행하는데로 각자 노력하여 최후의 찰나[144]에 의심하거나 후회가 없어야 한다.

75.

禪學者 本地風光 若未發明 則孤峭玄關 擬從何透 往往斷滅空以爲禪 無記空以爲道 一切俱無以爲高見 此冥然頑空 受病幽矣 今天下之言禪者 多坐在此病

참선수행자로서 만약 본지풍광을 터득하지 못하면 높고 험난한 깨침의 관문을 어떻게 투과할 것인가. 종종 단멸공을 참선으로 간주하기도 하고,

---

去 湛然圓寂 心境一如 但能如是 直下頓了 不爲三世所拘繫 便是出世自由人也 若見諸佛 無心隨去 若見地獄 無心怖畏 但自無心 同於法界 此卽是要節也 然則平常是因 臨終是果 道人須着眼看”；“凡人臨命終時 若一毫毛 凡聖情量不盡 思慮未忘 向驢胎馬腹裏托質 泥犁鑊湯中煮煠 乃至依前再爲螻蟻蚊虻”

143) 無心合道門의 禪門과 念佛求生門의 敎門을 가리킨다.
144) 목숨이 끝나는 그 순간을 가리킨다.

무기공을 깨침으로 간주하기도 하며, 一切無를
高見으로 간주하기도 한다. 그러나 이런 것들
은145) 멍멍한 완공의 상태로서 더욱더 잘못만
깊어질 뿐이다. 오늘날 천하에 참선을 한다는 자
들은 대부분 이와 같은 잘못에 빠져 있다.

向上一關 措足無門 雲門云 光不透脫 有兩種病 透過法
身 亦有兩種病 須一一透得 始得
● 不行芳草路/ 難至落花村/

향상의 관문은 발붙일 곳조차 없다. 그래서 운문문언은
'깨침을 투탈하지 못하는 것에 두 가지 병통이 있다. 그리
고 법신을 투과하더라도 역시 두 가지 병통이 있다.'146)
라고 말했다. 그러므로 모름지기 낱낱이 투득해야 가능하
다.

●

무성한 풀밭 길을 가지 않고선/

145) 斷滅空과 無記空과 一切無 등을 가리킨다.
146) 大川普濟 集,『五燈會元』卷15, (卍續藏經138,) "光不透脫 有兩般
病 一切處不明 面前有物 是一 又透得一切法空 隱隱地似有箇物相似
亦是光不透脫 又法身亦有兩般病 得到法身爲法執不忘 己見猶存 坐
在法身邊是一 直饒透得法身去 放過卽不可 了細點檢將來 有甚麼氣
息 亦是病"

76.

宗師亦有多病 病在耳目者 以瞠眉努目 側耳點頭
爲禪 病在口舌者 以顚言倒語 胡喝亂喝爲禪 病在
手足者 以進前退後 指東畫西爲禪 病在心腹者 以
窮玄究妙 超情離見爲禪 據實而論 無非是病

소위 종사라는 사람에게도 역시 많은 잘못이 있
다. 이목에 있는 잘못은 눈썹을 치켜 올려 빤히
쳐다보고 귀를 기울이고 고개를 끄덕이는 것을
참선으로 간주하는 것이다. 구설에 있는 잘못은
동문서답을 하고 함부로 할을 퍼붓는 것을 참선
으로 간주하는 것이다. 수족에 있는 잘못은 괜히
이리저리 왔다 갔다 하고 이쪽저쪽을 가리키는
것을 선으로 간주하는 것이다. 심복에 있는 잘못
은 현묘한 도리를 내세우고 뜻도 통하지 않는 말
을 선으로 간주하는 것이다.148) 그러므로 사실

---

147) 또한 다음과 같은 뜻으로 통한다. "치성한 번뇌를 끊지 못하면/ 깨침
    의 열매를 따지 못하네/"

에 의거하여 논하자면 이런 것들은 잘못 아님이
없다.

殺父母者 佛前懺悔 謗般若者 懺悔無路
● 空中撮影非爲妙/ 物外追蹤豈俊機/

　부모를 죽인 자는 부처님께 참회하지만 반야를 비방하
는 자는 참회할 길이 없다.149)

●
　허공의 그림자 낚아채도 별것 아닌데/
　세간을 초월한 행위인들 어찌 별건가/

77.

本分宗師 全提此句 如木人唱拍 紅爐點雪 亦如石
火電光 學者實不可擬議也 故古人知師恩曰 不重
先師道德 只重先師不爲我說破

본분종사가 全提한 이와 같은 삼구는150) 마치

---

148) 淨善, 『禪林寶訓』 卷4, (大正藏48, p.1036上)
149) 蘊聞 編, 『大慧普覺禪師語錄』 卷28, (大正藏47, p.932中)
150) 이 경우 三句는 조사가 내세운 일체의 방편의 가르침을 가리킨다.

장승이 손뼉치고 노래하며 시뻘건 화로에 떨어진 한 점의 눈과 같고, 또한 전광석화와 같다. 그래서 수행납자로서는 진실로 어찌해볼 도리가 없다. 때문에 고인은 스승의 은혜를 알고나서 '스승의 도덕을 존중하는 것이 아니라 다만 스승이 나에게 설명해주지 않는 것을 존중할 뿐이다.'151) 라고 말했다.

不道不道 恐上紙墨
● 箭穿江月影/ 須是射鵰人/

침묵하고 말하지 말라. 종이에 먹물 묻을라.

●
물에 비친 달 화살로 꿰뚫으니/
혹 수리 잡는 사람의 능력일까/

151) 蘊聞 編,『大慧普覺禪師語錄』卷30, (大正藏47, p.943上) "所以古
人云 我不重先師道德 只重先師不爲我說破 若爲我說破 豈有今日 便
是這箇道理也"；語風圓信‧郭凝之 編,『瑞州洞山良价禪師語錄』, (大
正藏47, p.520中-下)；道原 纂,『景德傳燈錄』卷11, (大正藏51,
pp.283下-284上) 참조.

VIII. 선종의 오가

78.

大抵學者 先須詳辨宗途 昔馬祖一喝也 百丈耳聾
黃蘗吐舌 這一喝 便是拈花消息 亦是達摩 初來底
面目 吁 此臨濟宗之淵源

무릇 수행납자는 먼저 종파의 갈래부터 잘 알아
야 한다. 옛적에 마조도일의 일할에 백장회해는
귀가 멀었고, 황벽희운은 혀가 뽑혔다.[152] 그 일
할이야말로 곧 세존염화의 소식이었고, 또한 달
마서래의 면목이었다.
아, 이것이 곧 임제종지의 연원이다.

識法者懼 和聲便打
● 杖子一枝無節目/ 慇懃分付夜行人/

법을 아는 자를 두려워해야 한다. 답변하면 곧 얻어맞는다.

---

152) 道原 纂, 『景德傳燈錄』卷6, (大正藏51, p.249下)

●
마디하나 없는 하나의 주장자를/
밤길 행인에게 남몰래 쥐어주네/

79.
昔馬祖一喝也 百丈得大機 黃蘗得大用 大機者 圓
應爲義 大用者 直截爲義 事見傳燈錄

옛적에 마조의 일할에 백장회해는 대기를 터득
했고 황벽은 대용을 터득하였다. 대기는 원만하
게 상응한다는 뜻이고, 대용은 곧바로 절단한다
는 뜻이다.
이 사실은 전등록에 수록되어 있다.[153]

80.
大凡祖師宗途有五 曰臨濟宗 曰曹洞宗 曰雲門宗
曰潙仰宗 曰法眼宗

무릇 조사의 종파에는 다섯 갈래가 있다. 임제종

---

[153] 道原 纂, 『景德傳燈錄』卷6, (大正藏51, p.249下)

과 조동종과 운문종과 위앙종과 법안종이다.

81.

[臨濟宗]

本師釋迦佛 至三十三世 六祖慧能大師下直傳 曰
南嶽懷讓 曰馬祖道一 曰百丈懷海 曰黃蘗希運 曰
臨濟義玄 曰興化存獎 曰南院道<=慧>顒 曰風穴
延沼 曰首山省念 曰汾陽善昭 曰慈明楚圓 曰楊歧
方會 曰白雲守端 曰五祖法演 曰圓悟克勤 曰徑山
宗杲禪師等

[임제종]

본사 석가모니불로부터 제33세 육조혜능154) 대
사에 이르러 그 밑에 직전되었다.

---

154) 曹溪慧能(638-713) 중국선종의 제6조로서 성은 盧씨이고 하북성
范陽 출신이다. 광동성 新興縣 新州에서 태어났다. 大鑑禪師라는
시호를 받았기 때문에 大鑑慧能이라 불리우고, 또한 六祖大師라고
도 불리운다. 혜능의 선법은 남방에서 퍼지고 頓悟主義였다. 제자
가운데 靑原行思(740 寂) 南岳懷讓(677-744) · 荷澤神會
(684-758) · 永嘉玄覺(675-713) · 南陽慧忠(775 寂) 등이 뛰어났
다. 후세에 발전한 소위 五家七宗은 모두 혜능의 법계로부터 전개된
종파들이다.

남악회양155) - 마조도일156) - 백장회해157) -
황벽희운158) - 임제의현159) - 흥화존장160) -

155) 南嶽懷讓(677-744)은 산동성 金州 출신으로 속성은 杜씨이다. 15
세 때 호북성 荊州 玉泉寺에서 弘景律師에게 출가하였다. 嵩山慧安
을 참문하고 그 권유로 曹溪慧能을 참여하여 15년 동안 공부하여 그
법을 이었다. 南岳의 般若寺에 주석하며 선풍을 진작하였다. 시호는
大慧禪師이다.

156) 馬祖道一(709-788)은 馬씨의 속성에서 비롯된 명칭이다. 사천성
漢州 사람으로 어려서부터 九流六學을 두루 공부하고 漢州寺에서
資州處寂에게 출가하였다. 이후 사천성 益州 長松山, 호북성 荊南
明月山에서 오랫동안 주석하고, 호남성 南嶽懷讓에게 참문하여 南
岳磨磚의 기연으로 사법하였다. 복건성 建陽의 佛跡巖에서 개당하
고, 강서성 南康 新開寺, 撫州 西裏山 및 虔州 龔公山 등을 거처
61세(769년) 부터는 鐘陵 개원사에 주석하면서 종풍을 진작하였
다. 만년에 강서성 靖安縣 늑담의 石門山 寶峰寺에서 입적하였다.
사법 제자 130여 명을 배출하여 소위 조사선풍을 크게 거양하였다.

157) 百丈懷海(749-814)는 복건성 복주 長樂 출신으로 속성은 王씨이
다. 시호는 大智 · 覺照 · 弘宗妙行이다. 20세 때 西山慧照에게 출가
하고 안휘성 廬江에서 대장경을 열람하고 마조도일에게 참문하여
그 법을 이었다. 강서성 洪州 奉新縣 大雄山 주석하면서 선풍을 가
양하였다. 선림에서 淸規를 처음 내세웠다.

158) 黃檗希運은 복건성 福州의 閩縣 출신이다. 복주의 황벽산에서 출가
하고 天台山에 유화하고 강서성 百丈山의 회해에게 참문하여 그
법을 이었다. 裴休의 청에 응하여 강서성 鐘陵에서 고향의 산을 본
따서 황벽산이라 이름하고 선풍을 거양하였다. 842년에는 龍興寺
에 주석하고 848년에는 안휘성 宛陵의 開元寺에 주석하였다. 시호
는 斷際禪師이다. 법어에 裴休 集,『黃檗山斷際禪師傳心法要』, 및
裴休 集,『黃檗斷際禪師宛陵錄』이 있다.

159) 臨濟義玄(?-867)은 臨濟宗의 개조로 산동성 曹州 南華 출신으로
속성은 邢씨이다. 강서성 筠州 黃蘗山의 希運에게 참문하여 그 법을
이었다. 하북성 鎭州로 가서 子城의 동남에 있는 滹陀河(호타하)
주변에 臨濟院을 짓고 선풍을 거양하였다.

160) 興化存奘(830-888)은 산동성 闕里 출신으로 속성은 孔씨이다. 임
제의 정통을 잇고, 삼성혜연을 참문하기도 하였다. 후에 魏府의 興
化寺에 주석하였다.

남원혜옹161) - 풍혈연소162) - 수산성념163) -

분양선소164) - 자명초원165) - 양기방회166) -

백운수단167) - 오조법연168) - 원오극근169) -

161) 南院慧顒(860-930)은 興化存獎의 법을 계승하고 風穴延沼 (896-973)에게 전하였다.

162) 風穴延沼(896-973)는 절강성 餘杭 출신으로 속성은 劉씨이다. 절강성 越州의 鏡淸道怤를 참문하고, 호북성 襄州 華嚴院의 南院慧顒을 참문하여 그 법을 이은 임제종의 제4세이다. 하남성 汝州 風穴山에 주석하였다. 이후 호북성 郢州 및 汝州 등에서 선풍을 거양하였다.

163) 首山省念(926-993)은 산동성 掖縣의 萊州 출신으로 속성은 적(狄)씨이다. 고향의 南禪院에서 공부하고 풍혈연소의 법을 이었다. 하남성 臨汝 汝州의 首山에 주석하였다. 후에 寶安山의 廣敎禪院 및 寶應禪院에 주석하였다.

164) 汾陽善昭(947-1024)는 산서성 太原 출신으로 속성은 兪씨이다. 출가한 후에 제방을 역참하고 首山省念이 문하에서 깨침을 터득하고 그 법을 이었다. 산서성 汾州 汾陽의 太子院에 주석하며 선풍을 진작하였다. 시호는 無德禪師이다.

165) 慈明楚圓(986-1039)은 石霜楚圓이라고도 한다. 광서성 全州 출신으로 속성은 李씨이다. 22세 때 광서성 湘山의 隱靜寺에서 출가하고 汾陽善昭를 참문하여 그 법을 잇고 唐明嵩에게도 참문하였다. 강서성 袁州 南源山 廣利禪院에서 출세하고, 호남성 潭州 道吾山 및 石霜山의 崇勝禪院, 南岳山의 福嚴禪院, 潭州 興化禪院 등에 주석하였다.

166) 楊岐方會(992-1049)는 강서성 袁州 宜春縣 출신으로 속성은 冷씨이다. 강서성 瑞州 九峰을 인연하여 출가하였다. 제방으로 선지식을 역참하였다. 南源山의 石霜楚圓을 참문하였는데 초원이 道吾山 및 石霜山으로 옮길 때에도 따라모셨다. 마침내 석상산에서 대오하고 초원을 법을 이었다. 초원이 호남성 담주 흥화사로 옮기자 하직하고 九峰으로 돌아갔다. 후에 袁州 楊岐山 普通禪院에 주석하면서 선풍을 진작하였다. 만년에는 담주 雲盖山 海會寺에 주석하였다. 양기방회의 선풍은 楊岐派로서 길이 번창하였다.

167) 白雲守端(1025-1072)은 호남성 衡陽 출신으로 속성은 周씨이다. 茶陵仁郁에게 출가하고 제방을 역참하였다. 楊岐方會를 참문하고

경산종고170) 선사 등이다.

82.

[曹洞宗]

六祖下傍傳 曰靑原行思 曰石頭希遷 曰藥山惟儼
曰雲巖曇晟 曰洞山良价 曰曹山耽章 曰雲居道膺
禪師等

그 법을 이었다. 강서성 江州의 承天禪院·圓通崇勝禪院, 안휘성
舒州 法華山의 証道禪院, 龍門山의 乾明禪院·興化禪院, 白雲山 海
會禪院 등을 개당하였다.

168) 五祖法演(?-1104)은 사천성 錦州 출신으로 속성은 鄧씨이다. 35세
에 출가하고 사천성 成都에 나아가 유식학을 배우고, 남방으로 가서
圓照宗本 및 浮山法遠에게도 참문하였다. 후에 白雲守端의 가르침
을 통하여 깨치고 그 법을 이었다. 안휘성 安慶의 四面山 및 太平寺
에 주석하였다. 안휘성 舒州 白雲山의 海會禪院에 주석한 후에 호북
성 蘄州의 五祖山에 주석하면서 도량을 넓히고 楊岐派의 선풍을
크게 드날렸다.

169) 圜悟克勤(1063-1135)은 사천성 성도 북서쪽의 彭州 崇寧출신으로
속성은 駱씨이고 字는 無著이다. 북송 휘종으로부터는 佛果라는 호
를, 그리고 남송의 高宗으로부터 圜悟라는 호를 받았다. 때문에 圜
悟克勤·佛果克勤·圓悟禪師라고 불린다. 어려서 출가하여 제방을
유력하고 五祖法演의 제자가 되었다. 金山으로 가서 병을 얻었으나
다시 오조로 돌아와서 법연을 참문하고 그 법을 이었다.

170) 徑山宗杲(1089-1163)는 일반적으로 大慧宗杲라 불리우는데 字는
曇晦이고 호는 妙喜·雲門으로 안휘성 宣州 寧國縣 출신으로 속성은
奚씨이다. 看話禪을 대성하였으며, 10여 년의 유배생활에서 正法眼
藏을 저술하였다. 孝宗皇帝의 귀의를 받고 大慧禪師라는 호를 받았
다.

[조동종]

육조혜능 밑에서 방전171)되었다.

청원행사172) – 석두희천173) – 약산유엄174) –

운암담성175) – 동산양개176) – 조산탐장177)

---

171) 청허휴정은 선종 오가 가운데 임제종을 제외한 그 밖의 모든 종파를 방계로 취급하고 있다.

172) 靑原行思(?-740)의 법계는 보리달마 – 태조혜가 – 감지승찬 – 대의 도신 – 대만홍인 – 대감혜능 – 청원행사로 계승되었다. 청원행사는 강서성 吉州 安城 출신으로 속성은 劉씨이다. 육조의 법을 계승한 후에 강서성 길주의 靑原山 靜居寺에서 크게 선풍을 드날렸다. 청원의 문하는 당나라 말기에 출현한 소위 선종오가 가운데 曹洞宗·雲門宗·法眼宗이 출현하였으며 길이 번성하여 오늘날에 이르고 있다.

173) 石頭希遷(700-790)은 광동성 端州 高要 출신으로 성은 陳씨이다. 혜능에게 득도하였으니 혜능이 곧 입적하자 사형인 청원행사에게 사사하였다. 40대 초반에 형주의 衡山의 南寺에 가서 절의 동쪽에 있는 큰 바위에 암자를 짓고 좌선수행에 몰두하였기 때문에 石頭라는 별명이 붙었다. 호남지방에서 큰 활약을 했기 때문에 湖南이라 불렸고, 시호는 無際大師였으며, 청원행사와의 문답에서 기린의 뿔 하나면 충복하다는 의미로 一麟足이라 불리웠다.

174) 藥山惟儼(745-828)은 산서성 신강현의 絳州 출신으로 속성은 韓씨이다. 17세 때 광동성 조양의 서산에 주석하고 있던 慧照에게 출가하고, 29세 때 형악사의 希澡律師에게 구족계를 받았다. 후에 호남의 석두희천에게 참하여 깨침을 얻고 그 법을 이었다. 다시 호남성 풍주의 芍藥山에 주석하여 선풍을 크게 드날렸다. 저술 내지 어록조차 남기지 않고 오로지 좌선수행으로 일관하여 雲岩曇晟(782-841)을 비롯한 많은 제자를 배출하였다.

175) 雲巖曇晟(782-841)은 鐘陵 建昌 출신으로 속성은 王씨이다. 어려서 石門에서 출가하였고 처음 百丈에게 참문하여 십 수년간 입실하였으나 백장의 배려로 약산에게 참문하여 그 법을 이었다. 시호는 無住大師이고 탑호는 淨勝이다.

176) 洞山良价(807-869)는 절강성 월주 출신으로 속성은 兪씨이다. 五洩靈默에게 출가하고 숭산의 睿律師에게 구족계를 받았다. 南泉普願 및 潙山靈祐 등을 참방하고 雲岩曇晟의 문하에서 공부하였다.

–운거도응178) 선사 등이다.

83.

[雲門宗]

馬祖傍傳 曰天王道悟 曰龍潭崇信 曰德山宣鑑 曰
雪峯義存 曰雲門文偃 曰雪竇重顯 曰天衣義懷禪
師等

[운문종]

마조도일 밑에서 방전되었다.179)

시호는 悟本大師이다. 훗날 그 조산본적이 동산의 正偏回互와 道合
君臣이 도리를 계승하고 발전시켰는데 동산과 조산 부자의 선풍을
일컬어 曹洞宗이라 하였다.

177) 曹山耽章(曹山本寂 : 840-901)은 복건성 泉州 蒲田縣 출신으로 속
성은 黃씨이다. 동산양개를 참문하여 그 법을 잇고 悠悠自適하면서
강서성 臨川縣 撫州의 荷玉山에 주석하면서 曹山이라 고쳐부르고
선풍을 드날렸다. 동산과 더불어 조동종의 개조이다. 동산의 사상을
충실하게 계승하여 오위의 종지를 현창하였다. 시호는 元証大師이
다.

178) 雲居道膺(828-902)의 諱는 道膺이고 속성은 王씨이며 幽州 薊門玉
田(河北省 津海道 玉田縣)에서 태어났다. 洞山의 제자로서 조동종
지를 크게 거양하였다. 嗣法弟子로는 28명이 있었다. 시호는 弘(宏)
覺이고 塔號는 圓寂이었다.

179) 雲門宗은 靑原行思 - 石頭希遷 - 天皇道悟 - 龍潭崇信 - 德山宣鑒
- 雪峯義存 - 雲門文偃의 계통에서 출현하였다. 그럼에도 불구하고
본『선가귀감』에서는 南嶽懷讓 - 馬祖道一 - 天皇道悟(天王道悟)
- 龍潭崇信 - 德山宣鑒 - 雪峯義存 - 雲門文偃의 법계로 연결하고

천왕도오180) – 용담숭신181) – 덕산선감182) –
설봉의존183) – 운문문언184) – 설두중현185) –

있어 오류를 범하고 있다. 이것은 청원행사의 계통인 천황도오를
천왕도오와 혼동하여 나타난 결과이다. 김호귀, 「淸虛休靜의 五家
法脈 인식의 배경에 대한 고찰」, (『한국선학』 제22호. 2009.4)

180) 天王道悟는 天皇道悟로 바로잡는다. 천황도오(748-807)는 절강성
撫州東陽의 金華 출신으로 속성은 張씨이다. 절강성 明州에서 출가
하고 杭州의 竹林寺에서 구족계를 받았다.

181) 龍潭崇信은 어려서부터 寺下村에 살면서 떡장사를 하는 어머니의
영향으로 天皇道悟를 뵙고 자주 떡을 공양하여 존숭하고 믿고 따랐
기 때문에 崇信이라는 이름을 얻었다고 한다. 후에 출가하여 天皇道
悟의 법을 잇고 호남성 澧州의 龍潭에 주석하였다.

182) 德山宣鑒(780-865)은 사천성 劍南 출신으로 속성은 周씨이다. 교
학에 밝았는데 특히 『금강경』에 통달하여 周金剛이라 불렸다. 남방
의 선을 논파하려다가 도리어 선에 입문하고 龍潭崇信을 참문하여
그 법을 이었다. 후에 潙山으로 가서 潙山靈祐를 참문하였고, 호남
성 澧州의 澧陽에 30여 년 동안 주석하였다. 唐 武宗의 파불을 만나
獨浮山에 石室을 짓고 피난하였다. 후에 호남성 武陵의 太守인 薛廷
望의 귀의를 받고 武陵의 德山에서 선풍을 진작하였다. 시호는 見性
大師이고 德山木上座라고도 불렸다.

183) 雪峯義存(822-908)은 복건성 南安 출신으로 속성은 曾씨이다. 복
건성 포전현 玉潤寺의 慶玄律師에게 출가하였다. 회창법난을 맞아
일시적으로 환속하였다가 芙蓉靈訓과 洞山良价에게 참문한 후에
德山宣鑒에게 인가를 받고 그 법을 이었다. 靈洞巖을 거쳐 복건성의
象骨峰에 주석하였다.

184) 雲門文偃(864-949)은 跛脚子라고도 불렸으며 운문종의 개조로서 절강
성 가흥현 사람이다. 도솔사의 지징율사를 따르다가 17세 때 출가하였
다. 율을 공부한 후에 睦州道蹤을 참하였고, 다시 설봉의존을 참하여
그 법을 이었다. 五代 南漢의 조정에서 종종 입내설법을 하여 光泰禪院
이라는 칙액을 받고, 匡眞大師라는 호를 받았으며, 大慈雲匡聖玄明禪師
라는 시호를 받았다.

185) 雪竇重顯(980-1052)은 사천성 遂州 출신이다. 성은 李씨이고 자는
隱之이다. 어려서 普安院의 仁銑 스님에게 출가하였다. 이후 대자사
의 元瑩 및 석문산의 蘊聰에게서 공부하였다. 호북성 수주의 智門光
祚에게 참문하여 깨치고 그 법을 이었다. 洞庭의 翠微峰을 거쳐 절

천의의회186) 선사 등이다.

84.
[潙仰宗]

百丈傍傳 曰潙山靈祐 曰仰山慧寂 曰香嚴智閑 曰
南塔光涌 曰芭蕉慧淸 曰霍山景通 曰無著文喜禪
師等

[위앙종]
백장회해 밑에서 방전되었다.
위산영우187) - 앙산혜적188) - 향엄지한189)

강성 雪竇山 資聖寺에 30여 년 동안 주석하면서 선풍을 크게 일으
켜 운문의 중흥이라 불렸다. 시호는 明覺大師이다.

186) 天衣義懷(993-1064)는 振宗大師라고도 불렸는데 雪竇重顯
(980-1052)의 법사이다. 절강성 溫州 樂淸縣 출신으로 속성은 陳
씨이다. 어려서 아버지를 따라 어업에 종사하였는데 살아있는 물고
기는 모두 놓아주었다고 한다. 이리하여 아버지의 허락을 받아 출가
하였다. 처음에 法華志言에게 출가하고 金鑾善 및 葉縣歸省에게 참
문하였다. 이후 翠微寺의 雪竇重顯을 참문하여 그 법을 이었다. 절
강성 越州의 天衣山을 비롯한 아홉 지역에서 도량을 크게 넓히고
안휘성 池州의 杉山庵에 退去하였다.

187) 潙山靈祐(771-853)는 복건성 복주 장계 출신으로 속성은 趙씨이
다. 15세에 출가하여 建善寺 法常律師에게서 삭발하고 절강성 항주
용흥사에서 계를 받고 경과 율을 공부하였다. 23세에 강서성 진주
의 백장회해의 문하에서 참학하여 그의 법을 이었다. 이후 호남성
담주의 대위산에 머물며 종풍을 크게 일으켜 仰山慧寂ㆍ香嚴智閑

– 남탑광용190) – 파초혜청191) – 곽산경통192) – 무착문희193) 선사 등이다.

· 延慶法端 · 徑山洪諲 · 靈雲志勤 · 王敬初 등의 뛰어난 제자들을 배출하였다. 그의 법을 이은 앙산혜적과 더불어 그의 선풍을 潙仰宗이라 하였다.

188) 仰山慧寂(807-883)은 광동성 소주 회회현 출신으로 속성은 葉씨이다. 17세에 두 손가락을 잘라 정법추구의 서원을 세우고, 南華寺의 通 선사에게 출가하였다. 巖頭와 石室에게 참문하고, 耽源應眞으로부터 圓相의 뜻을 터득하였다. 潙山靈祐의 법을 이어 위앙종의 조사가 되었다. 이후 王莾山 및 仰山에 주석하며 선풍을 거양하였다. 澄虛大師, 寂子, 小釋迦, 東土小釋迦 등으로 불렸고 시호는 智通大師이다.

189) 香嚴智閑(?-898)은 百丈懷海(749-814)에게 출가했지만 그 제자인 潙山靈祐(771-853)에게 참문하여 父母未生以前의 인연으로 깨치고 그 법을 이었다. 게송 200여 편이 남아 있다. 시호는 襲燈禪師이다.

190) 南塔光涌(850-938)은 南塔光湧이라고도 한다. 강서성 預章縣 豐城 출신으로 속성은 張씨이다. 石亭에게 출가하고, 開元寺의 眞公에게 維摩經의 玄旨를 터득하였다. 호북성 蘄州의 壽山寺 戴公에게 구족계를 받은 후에 仰山慧寂을 참문하여 心印을 터득하고 그 법을 이어 仰山南塔에 주석하였다.

191) 芭蕉慧淸은 당나라 시대 위앙종의 인물로서 신라 출신으로 28세 때 앙산의 남탑광용(850-938)을 참하고 그 법을 이었다. 파초혜청은 호북성 영주의 파초산에 주석하면서 흥양청양(興陽淸讓) · 유곡법만(幽谷法滿) · 흥양의심(興陽義深) · 파초주우(芭蕉住遇) · 자릉행제(子陵行齊) · 수녕선의(壽寧善義)·영주계철(郢州繼徹) · 우두 청(牛頭 淸) · 각성 신(覺城 信) · 파초 한(芭蕉 閑) · 파초 원(芭蕉 圓) · 파초회준(芭蕉迴遵) · 승천사확(承天辭確, 承天詞殻) 등 수많은 제자를 배출하였다.

192) 霍山景通은 仰山慧寂의 제자이다. 당시에 歸宗智常의 제자인 智通과 더불어 두 사람의 大禪佛이라 불렸다.

193) 無著文喜(821-900)는 절강성 嘉禾 출신으로 속성은 朱씨이다. 7세 때 출가하고 17세 때 하북성 趙郡에서 구족계를 받고 율학을 배웠다. 會昌破佛 때는 일시적으로 환속하여 난을 피했다가 절강성 杭州 塩官의 齊豊寺에 들어가 수행하였다. 다시 大慈山 性空大師인 實中

85.

[法眼宗]

雪峯傍傳 曰玄沙師備 曰地藏桂琛 曰法眼文益 曰
天台德韶 曰永明延壽 曰龍濟紹修 曰南臺守安禪
師等

[법안종]
설봉의존의 밑에서 방전되었다.
현사사비194) – 지장계침195) – 법안문익196) –

에게 참문하였다. 42세 때 강서성 洪州 觀音院에 들어가 仰山慧寂
을 참문하고 대오하여 그 법을 이었다. 절강성 千頃山에 주석하면서
吳越王 錢弘俶의 귀의를 받고 杭州 涌泉院(慈光院)에 주석하였다.
錢王으로부터 紫衣 및 無著이라는 호를 받았다. 입적 후에 靈隱山에
장례지냈다. 후에 田頵이 반란을 일으켜 無著의 무덤을 파헤쳤는데
머릿카락과 손톱 등이 자라 있었고 육신의 모습도 그대로였다. 이에
錢王은 그것을 寄瑞로 간주하여 더욱 성대하게 다시 장례를 지냈
다.

194) 福州의 玄沙師備(835-908)는 설봉의존의 제자로서 다 헤진 옷과
발가락이 삐져나오는 신발을 즐겨 신을만큼 검소한 생활을 하여
備頭陀라 불리웠다. 그래서 行持綿密한 설봉의존의 화현이라 일컬
어졌다. 鏡清道怤(鑑清道怤 · 龍冊道怤 · 小怤布衲 · 順德大師)와 더
불어 설봉의존의 선풍을 진작하였다.

195) 地藏桂琛(867-928)은 羅漢桂琛 · 眞應禪師 · 常羅漢이라고도 한다.
절강성 常山 출신으로 속성은 李씨이다. 常山의 萬世寺 無相大師를
사사하고, 雲居道膺 · 雪峯義存을 참문하였다. 후에 설봉의존의 법
을 이은 玄沙師備를 참문하여 그 법을 이었다. 복건성 漳州 牧史
王公이 閩의 西石山에 건립한 地藏院에 주석하였다. 이어 漳州의
羅漢院에도 주석하면서 선풍을 크게 거양하였다.

천태덕소197) — 영명연수198) — 용제소수199) —
남대수안200) 선사 등이다.

86.

[臨濟家風]

赤手單刀 殺佛殺祖 辨古今於玄要 驗龍蛇於主賓
操金剛寶劒 掃除竹木精靈 奮獅子全威 震裂狐狸

---

196) 法眼文益(885-928)은 淸凉文益이라고도 한다. 속성은 魯씨로서 절
    강성 餘杭 출신이다. 長慶慧稜을 참문하고, 羅漢桂琛(867-928)을
    참문하여 그 법을 이었다. 강소성 金陵의 報恩禪院 및 淸凉院에 주
    석하였다. 그 선풍은 法眼宗으로 한때 크게 번성하였다.
197) 天台德韶(891-972)는 절강성 處州 龍泉 출신으로 속성은 陳씨이
    다. 處州 龍歸寺에 출가하고 제방을 유력하면서 投子大同·龍牙居
    遁을 참문하였다. 후에 강서성 臨川의 法眼文益을 참문하여 그 법을
    이었다. 천태산에 올라 智者大師의 유적지를 찾아 중흥시켰다. 吳越
    의 忠懿王은 德韶를 국사로 예우하였다.
198) 永明延壽(904-975)는 절강성 臨安府 餘杭 출신으로 성은 王씨이
    다. 자는 沖玄 또 抱一子이다. 관리가 되었지만 출가하여 설봉의존
    의 제자인 翠岩令參에게 참문하였다. 이후 天台德韶(891-972)의
    법을 잇고 법안종 제3세가 되었다. 雪竇山 資聖寺에 주석하고, 吳越
    의 忠懿王의 귀의를 받아 靈隱寺 및 永明寺(淨慈寺)에 주석하였다.
    선과 염불을 겸수하고 밤에는 늘 行道念佛을 하였다. 충의왕은 西方
    廣敎殿을 짓고 거기에 주석케 하였다. 이에 石芝宗曉는 蓮社七祖라
    숭앙하였다. 당시 사람들에게 자씨미륵의 화현으로 추앙되었다. 『
    宗鏡錄』 100권, 『唯心訣』, 『萬善同歸集』의 저술이 있다.
199) 龍濟紹修는 복건성 漳州 羅漢院 桂琛의 법을 잇고 강서성 臨川 撫州
    龍濟山에 주석하였다. 일반적으로 修山主로 알려져 있다.
200) 南臺守安은 龍濟紹修와 더불어 羅漢桂琛의 법을 이었다. 제자에 鷲
    嶺善美 및 慧日明이 있다.

心膽 識臨濟宗麽

● 靑天轟霹靂/ 平地起波濤/

[임제가풍]

맨손에 칼 하나 들고 부처를 초월하고 조사를 초월한다. 삼세의 고금을 삼현과 삼요로 변별하고, 용과 뱀의 학인을 주빈으로 시험한다. 금강보검을 들고 나무에 붙은 정령을 쓸어버리고 사자의 위용을 떨쳐 여우와 너구리의 간담을 찢어버린다. 임제의 종지를 알고자 하는가.

●

맑은 하늘에 벼락치고/
평지에 파도 일어난다/201)

87.

[曹洞家風]

權開五位 善接三根 橫抽寶劍 斬諸見稠林 妙協弘通 截萬機穿鑿 威音那畔 滿目烟光 空劫已前 一

---

201) 晦巖智昭, 『人天眼目』 卷2, (大正藏48, p.311中)

壺風月 要識曹洞宗廱

● 佛祖未生空劫外/ 正偏不落有無機/

[조동가풍]202)

방편으로 오위를 내세워 세 근기를 제대로 제접한다. 보검을 비껴차고 모든 사견의 수풀을 잘라버리고 묘협을 널리 펴서 온갖 반연에 천착하는 것을 절단한다. 위음왕불 이전의 소식이 두 눈에 가득 펼쳐지고 공겁 이전의 소식이 항아리에 담긴 달 모습처럼 분명하다. 조동의 종지를 알고자 하는가.

●

불조의 출현 이전 공겁을 벗어나고/
정과 편이 두루 유무에 걸림없도다/203)

---

202) 曹洞宗의 가풍은 曹溪慧能 - 靑原行思 - 石頭希遷 - 藥山惟儼의 문하로부터 번성하였다. 그 한 계통은 雲岩曇晟 - 洞山良价 - 曹山本寂 · 雲居道膺의 법계이고, 또 다른 한 계통은 道吾圓智 - 石霜慶諸의 법계이다. 특히 그 사상적인 바탕은 石頭希遷 · 洞山良价 · 曹山本寂의 어록과 저술에 근거하여 형성되었다. 보다 자세한 내용은 拙著, 『曹洞禪要』, (石蘭, 2007) pp.89-180 참조.
203) 晦巖智昭, 『人天眼目』卷3, (大正藏48, p.313下)

88.

[雲門家風]

劍鋒有路 鐵壁無門 掀翻露布葛藤 剪却常情見解
迅電不及思量 烈焰寧容湊泊 要識雲門宗麼

● 柱(拄?)杖子䟦跳上天/ 盞子裏諸佛說法/

[운문가풍]

칼과 창끝엔 길이 있고 철벽엔 관문이 없다.
천하에 드러난 갈등을 뒤집어 흔들고 분별식정
의 견해를 잘라버리며 번개같은 지혜는 분별사
량을 벗어나 있으니 활활 타오르는 불꽃속에 어
찌 안주하겠는가. 운문의 종지를 알고자 하는가.

●

주장자가 도리천에 뛰어오르고/
찻잔속엔 삼세제불 설법하도다/204)

89.

[潙仰家風]

---

204) 晦巖智昭, 『人天眼目』 卷2, (大正藏48, p.313中)

師資唱和 父子一家 脇下書字 頭角崢嶸 室中驗人
獅子腰折 離四句絶百非 一搥粉碎 有兩口無一舌
九曲珠通 要識潙仰宗麼
● 斷碑橫古路/ 鐵牛眠少室/

[위앙가풍]

스승과 제자가 노래로 화답하고 아버지와 아들
이 일가를 이룬다. 옆구리에 글자가 씌어 있고
머리의 뿔이 높이를 다툰다. 실중에서 제자를 점
검하니 사자의 허리가 부러진다. 사구를 여의고
백비를 단절하여 한 주먹에 쳐부수며 입은 두 개
이고 혀는 하나도 없지만 九曲에 구슬이 널리 통
한다.205) 위앙의 종지를 알고자 하는가.

---

205) '옆구리에 글자를 끼고' 라는 것은 위산은 자신이 죽은 후에 水牯牛
로 태어날 것인데 그 옆구리에 '潙山僧某甲' 이라는 다섯 글자가
기록되어 있을 것이라는 예언한 것을 가리킨다. '離四句하고 絶百非
하여 한 주먹에 쳐부수며' 라는 것은 앙산이 꿈속에서 미륵의 내원
중당으로 들어가는 꿈을 꾸었다. 거기에서 제2좌가 되어 설법을
하였다. '摩訶衍法은 離四句하고 絶百非합니다. 잘 들으시오.' 그랬
더니 그 말을 듣고 대중이 모두 흩어져버린 것을 말한다. 이것은
대승법을 소승이 감당할 수가 없다는 것을 암시한 것으로 이에 위산
이 앙산을 성인의 경지에 들었다고 인가한 것을 가리킨다. '입은
두 개이고 혓바닥은 한 개도 없지만' 이란 앙산혜적의 임종게에 등
장하는 언구로서 논리와 개념을 초월하여 향상으로 나아가는 가르

133

●

파손된 비석 고로에 나뒹굴고/

철우는 옹골방에 잠만 잔다네/206)

90.

[法眼家風]

言中有響 句裏藏鋒 髑髏常干世界 鼻孔磨觸家風
風柯月渚 顯露眞心 翠竹黃花 宣明妙法 要識法眼
宗麽

● 風送斷雲歸嶺去/ 月和流水過橋來/

[법안가풍]

言속에 메아리 있고 句속에 칼날을 감추고 있으
며, 촉루로 항상 세계를 방어하고 콧구멍으로 가
풍을 갈아낸다. 바람을 일으키는 도리깨와 달빛
을 머금은 모래섬에서 진심을 드러내고, 푸른 대
나무와 노란 꽃에서 묘법을 뚜렷하게 드러낸다.

침을 상징한 것이다. 임종게는 다음과 같다. '여기에 모여든 그대
납자들이여/ 반듯한 눈으로 똑바로 응시하라/ 입은 두 개인데 혀가
없는 것이/ 바야흐로 우리 종문의 종지라네// 一二二三子 平日復仰
視 兩口一無舌 卽是吾宗旨'

206) 晦巖智昭, 『人天眼目』 卷4, (大正藏48, p.323下)

법안의 종지를 알고자 하는가.

●

바람에 밀려난 조각구름 멀리 고개 넘고/
달빛 머금은 물은 다리 밑을 흘러간다네/207)

91.

[別明臨濟宗旨]

大凡一句中具三玄 一玄中具三要 一句無文綵印
三玄三要 有文綵印 權實玄 照用要

별도로 임제의 종지를 설명한다.
무릇 일구에는 삼현이 들어 있고, 일현에는 삼요
가 들어 있다.208) 일구는 무늬가 없는 도장이고,
삼현과 삼요는 무늬가 있는 도장이다. 방편과 진
실은 현이고, 점검과 제접은 요이다.

---

207) 晦巖智昭, 『人天眼目』 卷6, (大正藏48, p.331上)
208) 晦巖智昭, 『人天眼目』 卷1, (大正藏48, p.302中)

92.

[三句]

第一句喪身失命 第二句未開口錯 第三句糞箕掃箒

[삼구]

제일구에서는 몸을 잃고 목숨을 상실하며, 제이구에서는 말하기도 전에 그르치며, 제삼구는 똥 치우는 빗자루이다.

93.

[三要]

一要照即大機 二要照即大用 三要照用同時

[삼요]

제일요는 접검이 곧 대기이고, 제이요는 접검이 곧 대용이며, 제삼요는 접검과 제접이 동시이다.

94.

[三玄]

體中玄 三世一念等 句中玄 徑截言句等 玄中玄
良久 · 棒 · 喝等

[삼현]209)

체중현은 삼세가 찰나이고, 구중현은 경절의 언
구이며, 현중현은 양구와 방과 할이다.

95.

[四料揀]

奪人不奪境 待下根 奪境不奪人 待中根 人境兩俱
奪 待上根 人境俱不奪 待出格人

[사요간]210)

---

209) 三玄 : 첫째 體中玄은 三世와 一念 등이고, 둘째 句中玄은 徑截과
言句 등이며, 셋째 玄中玄은 良久와 棒喝 등이다. 또 각각 體中玄
用中玄 意中玄이라도도 한다. 晦巖智昭,『人天眼目』卷1, (大正藏
48, pp.301下-302上)

210) 四料揀 : 하중·상을 대비하여 4종의 근기인을 出格시킨 것으로 奪人
不奪境·奪境不奪人·人境兩俱脫·人境俱不奪이다. 여기에서 奪은 초
월하다, 없어지다, 잃다는 뜻으로 脫의 뜻에 통한다. 晦巖智昭,『人

첫째, 주관을 부정하고 객관을 긍정하는 것은 하
근기를 제접하는 것이다. 둘째, 객관을 부정하고
주관을 긍정하는 것은 중근기를 제접하는 것이다.
셋째, 주관과 객관을 모두 다 부정하는 것은 상근
기를 제접하는 것이다. 넷째, 주관과 객관을 모두
다 긍정하는 것은 출격인을 제접하는 것이다.

96.

[四賓主]

賓中賓 學人無鼻孔 有問有答 賓中主 學人有鼻孔
有主有法 主中賓 師家無鼻孔 有問在 主中主 師
家有鼻孔 不妨奇特

[사빈주]211)

첫째, 빈중빈은 수행납자에게 콧구멍이 없는 것
으로 질문도 있고 답변도 있다. 둘째, 빈중주는
수행납자에게 콧구멍이 있는 것으로 주인공도

天眼目』卷1, (大正藏48, p.300中-下)
211) 四賓主 : 賓中賓·賓中主·主中賓·主中主이다. 晦巖智昭, 『人天眼目』
卷1, (大正藏48, p.303上-中)

있고 법도 있다. 셋째, 주중빈은 스승에게 콧구멍
이 없는 것으로 질문만 있다. 넷째, 주중주는 스
승에게 콧구멍이 있는 것으로 일체의 기특한 것
을 긍정한다.

97.

[四照用]

先照後用 有人在 先用後照 有法在 照用同時 驅
耕奪食 照用不同時 有問有答

[사조용]212)

첫째, 먼저 점검하고 나중에 제접하는 것은 사람
을 내세운 것이다. 둘째, 먼저 제접하고 나중에
점검하는 것은 법을 내세운 것이다. 셋째, 점검과
제접을 동시에 하는 것은 밭가는 소를 빼앗고 배

---

212) 四照用 : 先照後用·先用後照·照用同時·照用不同<時> 등이다. 照照는
  안으로 통하는 것이고, 用用은 밖으로 드러나는 것이다. 마치 봉화
  불이 환하게 타오르면 급히 성중에서는 무기를 갖추어들고 성채에
  오르는 것과 같다. 그래서 선조후용은 사람 곧 주체가 있는 것이고,
  선용후조는 법 곧 객체가 있는 것이며, 조용동시는 말을 몰아 밭을
  갈면서 말먹이를 빼앗는 것이고, 조용부동은 질문도 있고 답변도
  있는 것이다. 晦巖智昭, 『人天眼目』卷1, (大正藏48, p.304上-下)

고픈 사람의 밥을 빼앗는 것이다. 넷째, 점검과
제접을 따로 하는 것은 질문도 있고 답변도 있는
것이다.

98.

[四大式]

正利少林面壁類 平常禾山打鼓類 本分山僧不會
類 貢假達摩不識類

[사대식]213)

**첫째, 正利는 少林面壁類이고, 둘째, 平常은 禾
山打鼓類이며, 셋째, 本分은 山僧不會類이고, 넷
째, 貢假는 達磨不識類이다.214)**

---

213) 四大式 : 이 사대식은 三要를 벗어나지 않는다. 제일대식 正利는
少林面壁類이고, 제이대식 平常은 禾山打鼓類이며, 제삼대식 本分
은 山僧不會類이고, 제사대식 貢假는 達磨不識類이다. 여기에서 제
삼대식의 禾山은 禾山無殷(884-960)을 가리킨다. 禾山打鼓는 禾
山解打鼓라고도 한다. 화산은 누가 무엇을 묻든지간에 오직 解打鼓
라고만 답변하였다는 것이다. 모든 사실은 하나의 진실로 통한다는
것이다.

214) 첫째, 正利의 경우는 소림면벽한 달마의 좌선행위야말로 깨침의 모
습으로서 좌선 그대로가 正傳을 자세이다. 둘째, 平常의 경우는 천
차만별의 다양한 행위속에서 向上道理를 보여주는 행위로서 평상
심의 현현으로서 본래성불의 모습을 나타내고 있다. 셋째, 本分의

99.

[四喝]

金剛王寶劍 一刀揮斷 一切精解 踞地獅子 發言吐氣 衆魔腦裂 探竿影草 探其有無 師承鼻孔 一喝不作一喝用 具上三玄四賓主等

[사할]215)

첫째, 금강왕보검의 할은 一刀를 휘둘러 일체의 情解를 끊어버리는 것이다.216) 둘째, 거지사자의 할은 말을 하고 기를 내뿜어 온갖 마구니의 뇌를 파열하는 것이다.217) 셋째, 탐간영초의 할은 그 有無를 찾아내어 스승의 정법안장을 잇는 것이다.218) 넷째, 일할이 일할로써만 작용하는

경우는 알고 모르는 것과는 관계가 없이 그저 그렇게 완전하다는 것을 보여주고 있다. 넷째, 貢假의 경우는 菩提達摩의 일화에 잘 나타나 있는 모습이다.

215) 四喝：金剛王寶劍·踞地獅子·探竿影草·一喝不作一喝用 등이다. 晦巖智昭, 『人天眼目』 卷1, (大正藏48, p.302中-下)

216) 이것은 體喝로서 主家用이다. 곧 학인이 知解情量에 얽매여 名相言句에 빠져있을 때 大機를 발휘하여 할하는 경우를 말한다.

217) 이것은 用喝로서 賓家用이다. 곧 학인이 스승의 역량을 떠보려고 하거나 小機小見을 노출시킬 때 스승이 위엄을 드러내어 할을 하는 것이다. 마치 사자의 포효에 野干腦裂하듯이 大機大用을 발휘하는 것을 말한다.

것이 아닌 할은 위의 삼현과 사빈주 등을 구비하는 것이다.219)

100.
[八棒]

觸令返玄 接掃從正 靠玄傷正 苦責罰棒 順宗旨賞棒 有虛實辨棒 盲枷瞎棒 掃除凡聖正棒 此等法非特臨濟宗風 上自諸佛 下至衆生 皆分上事 若離此說法 皆是妄語

[팔방]220)
촉령반현방과 접소종정방과 고현상정방과 고책

---

218) 이것은 體用俱喝로서 賓主俱用이다. 곧 스승이 학인의 수행을 이끌기도 하고, 또 반대로 학인이 스승의 역량을 떠보려고 할을 하는 勘驗의 경우를 말한다.

219) 이것은 究竟喝 곧 全喝이다. 곧 위의 금강왕보검의 할·거지사자의 할·탐간영초의 할의 어느 것에도 포함되지 않으면서 그 세 가지 할을 모두 포함할 뿐만 아니라 나아가서 저 앞의 三玄과 四賓主 등을 모두 구비하여 무한한 功能을 획득하는 작용의 할이다. 그래서 向上那邊의 一喝이라고도 한다.

220) 八捧 : 觸令返玄·接掃從正·靠玄傷正·順宗旨·有虛實·盲枷瞎·苦責·掃除凡聖 등이다. 喚醒志安의 『禪門五宗綱要』에는 "이에 대한 주석은 인천안목에 있으므로 그것을 살펴서 설하면 될 것이다." 라고 말하였지만 정작 晦巖智昭, 『人天眼目』에는 그 어디에도 이에 해당하는 부분을 찾아볼 수가 없다.

벌방과 순종지상방 유허실변방과 맹가할방과 소제범성정방 등이다.[221]

이와 같은 법은[222] 특별히 임제종풍에만 극한되는 것이 아니다. 위로는 제불로부터 아래로는 중생의 모든 깜냥에 이르기까지 모두 해당된다. 그러므로 만약 이 설법을 벗어나면 그것은 모두 망어가 되고 만다.

---

221) 喚醒志安의 『禪門五宗綱要』에서는 八棒의 명칭이 觸令返玄棒·接掃從正棒·靠玄傷正棒·順宗旨棒·有虛實棒·盲枷瞎棒·苦責棒·掃除凡聖棒 등으로 약간의 차이가 보인다. (1) 觸令返(支)玄棒 : 觸令은 祖令에 저촉되는 것으로 조사의 가르침을 잘못 거스리는 경우이고, 返(支)玄은 현묘한 선지를 어기는 경우로서 이런 상황에서 내려주는 방이다. (2) 接掃從正棒 : 제자를 제접할 경우에 스승의 제스처에 대하여 제자가 올바른 반응을 보였을 때 내려주는 방이다. (3) 靠玄傷正棒 : 제자가 현묘하고 기특한 機關에 얽매여 벗어나지 못하고 있는 경우에 그것을 타파해주기 위하여 내려주는 방이다. (4) 順宗旨棒 : 선지식이 제시해준 선지를 제자가 제대로 터득했을 때 긍정의 방식으로 내려주는 방이다. (5) 有(取驗)虛實棒 : 제자의 반응에 대하여 그것이 虛인지 實인지에 대하여 판별을 내려주는 방이다. (6) 盲枷瞎棒 : 안목이 없는 선지식이 참문한 제자에 대하여 함부로 휘둘러대는 방이다. (7) 苦責(愚癡)棒 : 제자의 깜냥이 너무 모자라기 때문에 그것을 타일러주기 위하여 내려주는 방이다. (8) 掃除凡聖棒 : 범부라든가 성인이라든가 하는 분별심을 불식시켜주고 나아가서 본분자리를 자각하도록 이끌어주기 위하여 내려주는 방이다.

222) 위의 [別明臨濟宗旨]에서 언급한 임제의 三句·三要·三玄·四料揀·四賓主·四照用·四大式·四喝··八棒 등을 총칭한다.

101.

臨濟喝 德山棒 皆徹證無生 透頂透底 大機大用
自在無方 全身出沒 全身擔荷 退守文殊普賢大人
境界 然據實而論 此二師 亦不免偸心鬼子

임제의 할과 덕산의 방은 모두 무생법을 철저하
게 증득한 것이다. 머리끝에서 발끝까지 투철하
여 대기와 대용이 시공에 자재한 까닭에 전신으
로 출몰하고 전신으로 감당하여 문수와 보현과
같은 대인의 경계조차 물리쳐버린다.
그러나 사실을 논하자면 임제와 덕산도 역시 다
툼을 좋아하는 귀신을 면하지 못한다.

凜凜吹毛 不犯鋒鋩 爍爍寒光珠媚水 寥寥雲散月行天

늠름하고 예리한 지혜의 칼 취모검,
서슬 퍼런 칼끝조차 건드리지 말라.
번득이는 빛 아름다운 물방울 같고,
구름걷힌 고요한 밤 달빛만 비춰네.

IX. 무집착과 무분별

102.

大丈夫 見佛見祖如冤家 若著佛求 被佛縛 若著祖
求 被祖縛 有求皆苦 不如無事

헌헌대장부라면 불조를 친견하는 것조차 원수를
대하듯 하라. 왜냐하면 만약 부처를 구하는데 집
착하면 부처에 얽매이고 만약 조사를 구하는데
집착하면 조사에 얽매이기 때문이다. 구하는 것
일랑 모두 고통이니 번뇌 없음만 못하다.

佛祖如冤者 結上無風起浪也 有求皆苦者 結上當體便是
也 不如無事者 結上動念卽乖也 到此 坐斷天下人舌頭 生
死迅輪 庶幾停息也 扶危定亂 如丹霞燒木佛 雲門喫狗子
老母不見佛 皆是摧邪顯正底手段 然畢竟如何
　● 常憶江南三月裏/ 鷓鴣啼處百花香/

불조를 원수처럼 대하라는 것은 위의 '바람도 없는데/
물결을 일으켰네./'223) 라는 말을 결론맺은 것이다. 구하는 것일랑 모두 고통이라는 것은 위의 '그 자체로 충분하다.'224) 라는 말을 결론맺은 것이다. 번뇌 없음만 못하다는 것은 '분별심을 내면 곧 어그러진다.'225) 라는 부분을 결론맺은 것이다. 이쯤 도달하고보면 천하사람들의 말을 곧바로 터득하여 신속한 생사의 윤회를 거의 멈출 수가 있다. 번뇌를 바로잡아 어지러운 마음을 고요하게 한 것은 저 단하천연이 목불을 불사른 것226)과, 운문이 석가를 개밥으로 던져준 것227)과, 노모가 부처님을 외면한 것228)에서 찾아볼 수 있다. 이러한 것은 모두 파사현정의 수단이다. 그러면 필경에는 어찌해야 하는가.229)

---

223) 본 『선가귀감』의 단락 2.에 나오는 '부처와 조사가 세상에 출현하여/ 바람도 없는데 물결을 일으켰네./' 라는 부분을 가리킨다.

224) 본 『선가귀감』의 단락 4.에 나오는 '때문에 부득이 마음이니 부처니 중생이니 하는 갖가지 명자를 붙였지만 그 명자에 얽매여 분별해서는 안된다. 그 자체로 충분하다.' 라는 부분을 가리킨다.

225) 본 『선가귀감』의 단락 4.에 나오는 '분별심을 내면 곧 어그러진다.' 는 부분을 가리킨다.

226) 大川普濟 集, 『五燈會元』 卷5, (卍續藏經138, pp.166下-167上) "後於慧林寺遇天大寒 取木佛燒火向 院主訶曰 何得燒我木佛 師以杖子撥灰曰 吾燒取舍利 主曰 木佛何有舍利 師曰 旣無舍利更取兩尊 燒 主自後眉鬚墮落"

227) 慧諶, 覺雲, 『禪門拈頌拈頌說話會本』 卷1, (『韓國佛敎全書』 卷5, p.7) "世尊初生下時 周行七步目顧四方 一手指天一手指地云 天上天下唯我獨尊(雲門偃拈 我當時若見 一棒打殺與狗子喫却 魄圖天下太平謀)"

228) 大川普濟 集, 『五燈會元』 卷1, (卍續藏經138, p.6下) "城東有一老母 與佛同生而不欲見佛 每見佛來卽便回避 雖然如此回顧東西 總皆是佛 遂以手掩面 於十指掌中 亦總是佛"

229) 破邪顯正의 수단이 아닌 깨침의 본래작용은 과연 무엇인가를 가리킨다.

●
강남서 보낸 봄날은 언제나 그립구나/
자고새 우짖는 곳에 꽃향기 넘쳐나네/

103.
神光不昧/ 萬古徽猷/ 入此門來/ 莫存知解//

신령스런 광명 두렷하여/
만고에 아름답게 빛나네/
여기에 들어오는 사람은/
지해를 모두 내려놓게나/

　神光不昧者 結上昭昭靈靈也 萬古徽猷者 結上本不生滅
也 莫存知解者 結上不可守名生解也 門者 有凡聖出入義
如荷澤所謂知之一字 衆妙之門也 吁! 起於名狀不得 結於
莫存知解 一篇葛藤 一句都破也 然始終一解 中擧萬行 如
世典之三義也 知解二字 佛法之大害故 特擧而終之 荷澤
神會禪師 不得爲曹溪嫡子者 以此也 因而頌曰
　如斯擧唱明宗旨/ 笑殺西來碧眼僧/
　然畢竟如何
　● 孤輪獨照江山靜/ 自笑一聲天地驚/

'신령스런 광명 두렷하다.'는 것은 위의 '소소영령하다.'230) 라는 것을 결론맺은 것이다.

'만고에 아름답게 빛난다.'는 것은 위의 '일찍이 생겨난 적도 없고 멸한 적도 없다.'231) 라는 것을 결론맺은 것이다.

'지혜를 모두 내려놓으라.'는 것은 위의 '이름 붙일 수도 없고 모양으로 그릴 수도 없다.'232) 라는 것을 결론맺은 것이다.

'문'이란 범부와 성인이 출입한다는 뜻이다. 마치 하택 신회가 말한 '知라는 한 글자는 모든 묘용의 관문이다.' 라는 경우와 같다.

아! '이름 붙일 수도 없고 모양으로 그릴 수도 없다.' 라는 부분으로 시작하여 '지혜를 모두 내려놓게나.' 라는 마지막 부분까지 한편의 갈등 곧 글을 일구로233) 모두

---

230) 본『선가귀감』의 단락 1.에 등장한 '여기의 一物은 본래부터 소소영령하여 일찍이 생겨난 적도 없고 멸한 적도 없으며 이름붙일 수도 없고 모양으로 그릴 수도 없다.'는 부분을 가리킨다.

231) 본『선가귀감』의 단락 1.에 등장한 '여기의 一物은 본래부터 소소영령하여 일찍이 생겨난 적도 없고 멸한 적도 없으며 이름붙일 수도 없고 모양으로 그릴 수도 없다.'는 부분을 가리킨다.

232) 본『선가귀감』의 단락 1.에 등장한 '여기의 一物은 본래부터 소소영령하여 일찍이 생겨난 적도 없고 멸한 적도 없으며 이름붙일 수도 없고 모양으로 그릴 수도 없다.'는 부분을 가리킨다.

233) 본『선가귀감』의 단락 1.로서 전체적인 대의에 해당하는 다음의 내용을 가리킨다. "有一物於此 從本以來 昭昭靈靈 不曾生 不曾滅 名不得 狀不得(여기의 一物은 본래부터 소소영령하여 일찍이 생겨난 적도 없고 멸한 적도 없으며 이름 붙일 수도 없고 모양으로 그릴 수도 없다.) 佛祖出世 無風起浪(부처와 조사가 세상에 출현하여/ 바람도 없는데 물결을 일으켰네/)"

타파해버렸다. 곧 처음과 끝을 거시기로 해석하고[一解]234) 중간에 만행을 든 것은 마치 세간의 책에서 말하는 세 가지 뜻235)과 같다.

'지해'라는 두 글자는 불법 곧 선문의 큰 해독이 되기 때문에 특별히 언급하여 그것으로 끝을 삼는다. 곧 하택 신회 선사가 조계의 적자가 되지 못한 것은 바로 그 지해 때문이었다. 이에 게송으로 말한다.

이처럼 언설로써 종지를 설명하면/
서래한 달마대사 가소롭다 웃겠네/

그러면 필경에 어찌해야 할 것인가.

●

휘영청 둥근 보름달에 적막한 강산/
한소리 내어 웃으니 천지가 놀라네/

禪家龜鑑 終
『선가귀감』을 마치다.

---

234) 글의 전체를 한마디로 요약하여 그 취지를 드러내는 것으로 곧 一物이나 此事나 渠나 一圓相 등을 가리킨다.

235) 경전의 구성이 보편적으로 序分正宗分流通分으로 나뉘듯이 서언과 본문과 결어로 이루어진 구조를 가리킨다. 특히 유교경전에서 '처음에는 一理를 말하고 중간에는 萬事를 늘어놓으며 끝에는 처음의 一理를 반복한다.' 라는 『中庸』의 경우가 이에 해당된다.

제3장

1. 사명종봉의 발문

　右編 乃曺溪老和尙退隱師翁所著也 噫 二百年來 師法益
喪 禪敎之徒 各生異見 宗敎者 唯耽糟粕 徒自篝沙 不知五
敎上有直指人心 使自悟入之門 宗禪者 自恃天眞 撥無修
證 不知頓悟後始卽發心 修習萬行之意 禪敎混濫 沙金罔
分 圓覺所謂聞說本來成佛 謂本無迷悟 撥置因果 則便成
邪見 又聞修習無明 謂眞能生妄 失眞常性 則亦成邪見者
是也 嗚呼殆哉 斯道之不傳 何若是其甚也 綿綿涓涓 如一
髮引千鈞 幾乎落地無從矣 賴我師翁 住西山一十年 鞭牛
有暇 覽五十本經論語錄 間有日用中 衮決要切之語句 則
輒錄之 時與室中二三子 詢詢然誨之 一如牧羊之法 過者
抑之 後者鞭之 驅入於大覺之門 老婆心得徹困 若是其切
也 奈二三子鈍根也 返以法門之高峻爲病焉 師翁愍其迷蒙
各就語句下 入註而解之 編次而繹之 鉤鎖連環 血脉相通
萬藏之要 五宗之源 極備於此 言言見諦 句句朝宗向之偏
者圓之 滯者通之 可謂禪敎之龜鑑 解行之良藥也 然師翁
常與論這般事 雖一言半句 如弄劍刃上事 恐上紙墨 豈欲
以此流通方外 誇衒己能也哉 門人白雲禪子普願寫之 門人
碧泉禪德義天校之 門人大禪師淨源 門人大禪師太常 門人
靑霞道人法融等 稽首再拜曰 未曾有也 遂與同志六七人
傾鉢囊中所儲 入梓流通 以報師翁訓蒙之恩也 大機龍藏汪
洋 渺若淵海 雖言探龍珠采珊瑚者 孰從而求之 非入海如
陸之手段 頗不免望涯之嘆 然卽撮要之功 發蒙之惠 如山

之高 若海之深 設若碎萬骨粉千命 如何報得一毫哉 千里
之外 有見之聞之 不驚不疑 敬之讀之 以爲寶玩則眞所謂
千歳之下 一 子雲耳

時萬曆己卯春節曹溪宗遂　四溟隱峰惟政拜手口訣因爲
謹跋

위의 글은 조계의 노화상 퇴은스님이 지은 것이다.

아, 조선의 200년 동안 불법이 더욱 쇠미하여 선과 교의
무리들이 각각 견해를 달리하고 있다. 교를 종지로 내세
우는 사람은 오직 찌꺼기만 탐닉하여 쓸데없이 모래숫자
만 헤아려 오교에 직지인심하여 스스로 깨치는 길이 있는
줄을 모른다.

선을 종지로 내세우는 사람은 스스로 본래성만 믿어 수
증을 무시하고 돈오 이후에 비로소 발심에 계합하여 만행
을 수습해야 하는 도리를 모른다. 그래서 선과 교가 뒤섞
여 모래와 금을 분별하지 못한다.

이른바『원각경』의 본래성불의 설법을 듣고서는 본래
미혹과 깨침도 없다고 말하여 인과를 부정하는 것은 사견
일 뿐이고, 또 반대로 수습무명의 설법을 듣고서는 진성
이 망상을 피운다고 말하여 진상의 성품을 잃어버리는
것도 역시 사견일 뿐이라는 것이 바로 이런 뜻이다.

아, 안타깝구나.

정법안장의 불법이 전승되지 못하는 것이 어찌 이토록
심하단 말인가. 면면히 그리고 근근하게 한 올의 실로써

천 근을 들어 올리듯이 땅에 닿을락 말락 하구나. 그러나 다행스럽게도 우리의 스승께서 서산에 10년을 주석하면서 후학을 양성하는 틈틈이 50여 권의 경론과 어록을 열람하였다.

그 가운데 일상의 공부에서 중요한 어구가 있으면 뽑아 두었다가 때때로 실중의 몇몇 제자에게 자상하게 가르쳐 주셨다. 그것은 마치 양을 치듯이 지나치면 억제시키고 더디면 북돋우어 대각의 관문에 들게 하였다. 노파심으로 애쓰는 모습이 이처럼 간절하였건만 그들은 어찌 그리도 어리석었던지 오히려 법문이 높고 어렵다 하여 병이 생겨 버렸다.

그러자 우리 스승께서는 그 어리석음을 불쌍히 여겨 각각 어구마다 주석을 달고 해설하여 단락마다 요점을 들었다. 이래서 마치 고리처럼 연결이 되고 혈맥처럼 상통하여 팔만대장경의 요지와 오종의 근원이 여기에 빠짐없이 담겼다. 그리고 말씀마다 도리에 맞고 구절마다 종지에 부합되었다. 그리하여 치우친 것은 원만토록 하고 막힌 것은 통하게 하니 선교의 거울이요 수증의 양약이라 할 수 있다.

그러나 우리 스승께서는 늘 상 그 도리를 말씀할 때 비록 일언반구일지라도 칼날 위를 거닐 듯 조심하여 종이에 기록되는 것을 경계하였다. 그러니 어찌 이것을 밖으로 유통시켜 자신의 능력을 과시하려 했겠는가.

문인 백운선자 보원이 정서하고 문인 벽천선덕 의천이

교정하였다. 이에 문인 정원 대선사와 문인 태상 대선사와 문인 청하도인 법융 등이 머리를 조아려 재배하고 '미증유한 일이다.' 라고 말하였다.

그리고는 마침내 도반 대여섯 명과 함께 바랑을 털어 상재하여 유통시켜 스승의 가르침에 은혜를 갚기로 하였다. 무릇 경전이 대단히 방대하여 바다처럼 아득하니 여의주를 얻고 산호를 캐는 사람일지라도 어디에서 그것을 찾을 것인가.

마치 바다를 육지처럼 드나드는 수단이 없다면 다만 물가만 바라보며 탄식할 수밖에 없다. 그러므로 스승께서 간추려준 공과 눈을 틔워 준 은혜는 산처럼 높고 바다처럼 깊다. 그래서 설사 천번 만번 뼈를 갈고 신명을 바친들 어찌 털끝만치라도 보답할 것인가. 때문에 천 리 밖에서도 이것을 이 책을 보거나 들은 자가 놀라거나 의심이 없이 받들거나 읽어서 보배로 간주한다면 곧 참으로 천년 후에 다른 자운이 될 것이다.

만력 기묘년(1579) 늦봄에
조계종 후손 사명종봉 유정은 구결에 절하고 이에 삼가 발문을 쓰다.[236]

---

236) 만력 7년(1579 기묘년) 고려대학교소장.

11. 보원의 발문

西山大師翁 愍室中二三子輩 迷禪敎失觀行 手抄佛祖心
要 切於日用者數百語 名曰禪家龜鑑 弟子離幻 信之受而
昭焉 學士李秀倫 筆之書而景焉 市隱金守香 鋟之木而甲
焉 所謂一宗之族也 吁 展此一卷 學者不勞涉龍藏而直佩
祖師之心印 則其法乳恩海 流通功德 可勝報也哉

萬曆癸未春 弟子普願拜手敬跋

서산대사께서는 실중의 몇몇 제자가 선교에 미혹하고
관행에 닦지 않음을 어여삐 여겼다. 이에 친히 불조의 심
요를 뽑고 일상에 필요한 수백 마디를 다듬어『선가귀감』
이라는 제명을 붙였다. 제자 이환(사명유정)은 이것을 信
受하여 드러내고, 학사 이수륜은 이것을 필수하여 드러내
며, 시은 김수향은 목판에 새겨 드러냈다. 이것은 소위 다
같이 중요한 작업이었다.

오, 대단하도다. 이 책 한 권만 펼치면 수행납자가 수고
롭게 대장경을 뒤지지 않아도 곧바로 조사의 심인을 꿰어
찰 수가 있도다. 그러므로 그 法乳의 恩海를 유통시킨 공
덕에 가히 수승한 과보가 있을진저.

만력 계미년(1583) 봄날
제자 보원은 절하고 받들어 발문에 붙이다.237)

---

237) 만력 11년(1583 계미년) 고려대학교소장.

111. 충허성정의 발문

龜鑑者 乃禪教日用之要門也 佛佛祖祖 皆以此臻極 而凡
修行之隊 捨此奚通 盖鋟鏤累稔 板本磨滅 未爲萬世之龜
鑑 故慈應信和 力募方板 電勵改刊 可謂黑頭陀之重腹者
也 仍玆祝之

門人 冲虛性正 書

본 『선가귀감』은 선문과 교문에서 일상생활의 요문을
기록한 것이다. 모든 부처와 조사들도 이것으로 진극을
삼았다. 그러므로 무릇 수행납자들의 경우 이 『선가귀감』
을 버려두고서 어찌 일상의 궤범에 통할 수 있겠는가.

그러나 판본에 새겨 정리해두었지만 그 판본이 마멸되
어 만세의 귀감으로 기능을 다할 수 없게 되어버렸다. 때
문에 이미 입적하신 자응과 신화 스님이 모연에 힘써 바야
흐로 판본을 어렵게 개간할 수 있게 되었다. 가히 동진시
대의 흑두타[道安大師]가 환생한 것과 같다. 이에 여기에
망축을 드리는 바이다.

문인 충허성정이 쓰다.238)

---

238) 雍正 9년(1731, 신사년) 5월 일. 묘향산 보현사로 이전한 판본인
  동국대학교소장본(『韓國佛教全書』 卷7, p.647中)에는 옹정 9년 辛
  亥年으로 기록되어 있다. 그러나 雍正 9년은 辛巳年에 해당된다.
  그리고 만약 辛亥年이라면 乾隆 26년 곧 1761년에 해당된다. 여기
  에서는(『韓國佛教全書』 卷7, p.634下) 각종 판본의 연대기에 따라
  옹정 9년의 기록에 의한다.

김 호 귀 kimhogui@hanmail.net

동국대학교 선학과 졸업
동국대 대학원 선학과 석사 · 박사 졸업
동국대 불교학술원 연구교수

저서 · 역서

묵조선 연구/ 선과 수행/ 선문답의 세계/
금강선론/ 인물한국선종사/ 열반경종요/
금강삼매경론/ 수선결사문 외 다수

선가귀감

(禪 家 龜 鑑)

초 판 1쇄 발행 2009년 1월 12일
제 2판 1쇄 인쇄 2013년 12월 23일
제 2판 1쇄 발행 2013년 12월 28일

지은이 김호귀
펴낸이 유광옥
펴낸곳 하얀연꽃
인 쇄 PUNDARIKA
주 소 100-804 서울 중구 신당동 414-12
전 화 (02)2254-3100
E-mail hr3100@hanmail.net

출판등록 제301-2011-172호
ISBN 978-89-92267-21-2 93220

값 10,000원